戦国

経済の作法

監修　小和田哲男

GB

はじめに

大名から一般庶民まで——
リアルな“おサイフ事情”を探る

現代からおよそ500年前、応仁・文明の乱を発端とし、日本全国を巻き込んで数多くの戦が行われた戦国時代。今でこそ多くの創作物が生まれ、人々を魅了しているテーマとして確立しているが、戦国を駆け抜けた彼らの懐事情に関しては不明瞭な部分が多い。

大名たちと商人たちの関係性はどういったものだったのか。物流はどうなっていたのか。刀や弓はいくらで買えて、米や野菜の値段はどの程度だったのか。本書では

幕府や大名らによるマクロ経済的な施策から、商人や百姓のリアルな生活、果ては軍需物資や物流に至るまで、戦国時代の経済にかかわるリアルな側面を解説する。

　戦国時代を経済の視点から紐解くことで、合戦とは違った中世の日本が持っていた力（パワー）を感じられることだろう。そしてそれは、バブル崩壊を経てデフレ経済が続き、すっかり勢いをなくしてしまっている現代日本へのエールともなりうるはずだ。

　大名や商人、農民といった、かつての日本の人々の勢いを感じとることで、何かしらの生きるヒントになって頂ければ幸甚の至りである。

小和田哲男

早わかり戦国経済①

諸大名による領国経営

戦国時代の経済事情は、華々しい合戦に比べるとまだまだ知られていない部分が多い。当時の大名たちは領国の経済をいかに回し、富国強兵のための基盤を作ったのだろうか。

経済のしくみ

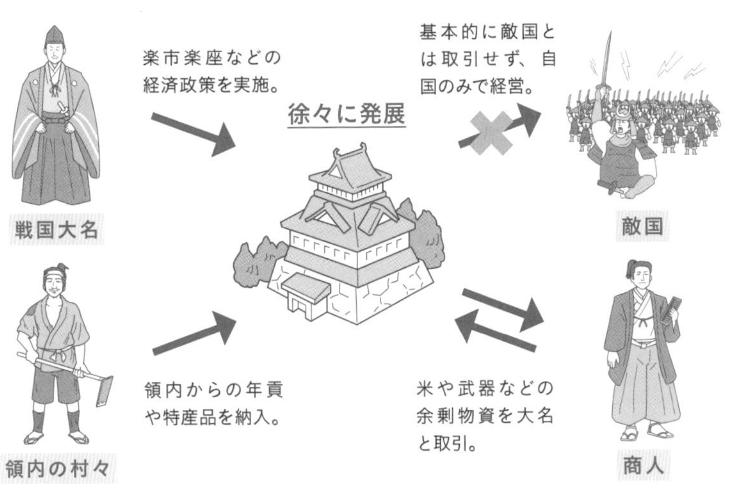

応仁・文明の乱と共に始まりを迎えた戦国時代——室町幕府の権威はすでに失墜し、日本の各地で有力者が群雄割拠していた。彼らは敵国に打ち勝つため、富国強兵政策を進めたのだが、強い軍事力を保つためには、領国の経済基盤も盤石でなくてはならない。

豊臣秀吉が天下統一を果たすまで、多くの大名たちは他国との交流を避け、自国の力だけで領国経営を行った。また、隣国との境界などには関所を設けて物資の出入りを抑制し、通行人からは税をとることで収入源にしていた。

戦国大名たちは自国を強くするためにさまざまな経済政策を行ったとされるが、中でも有名なのは織田信長が行った楽市楽座だろう。それまでは座(ざ)と呼ばれる同業者組合が市を独占して、商品の価格や流通を管

戦国時代の貫高制から石高制への変化

貫高制（かんだかせい）

1つ1つの農地に対する課税額を示したもの。戦のときの動員兵数もこの貫高制によって求められた。

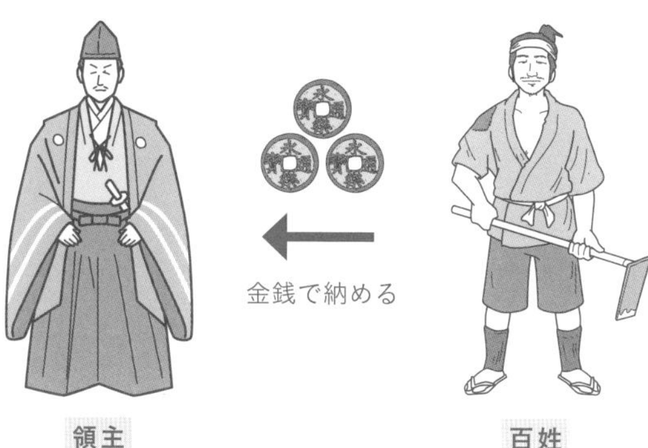

石高制（ごくだかせい）

検地によって土地の生産高を明確にし、それに税率をかけ合わせて年貢を徴収する方法。検地は大きな権力をあわせ持った大名でなければ、領内から反発を受けた。

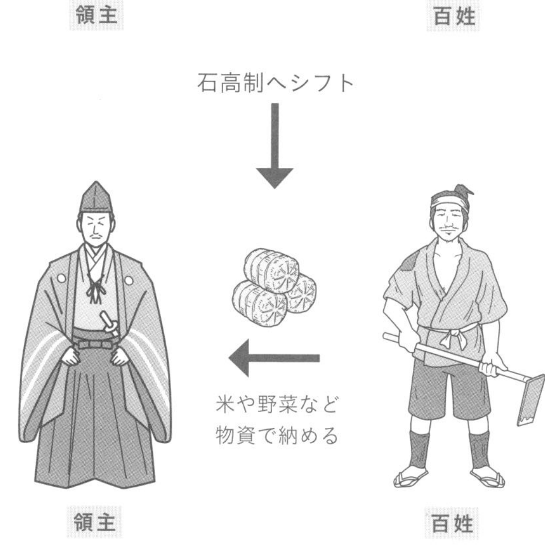

理していた。しかし、それでは市場に競争が起きず活性化も見込めない。そのため、多くの商人を城下町へと流入させ、自由な商売を行うことで市場に出回る商品の価格競争を引き起こし、経済の活性化をはかったのだ。これが、楽市楽座である。

また、戦国時代の日本には貨幣を鋳造するために必要な技術がなく、市場に出回る貨幣は、明（中国）との貿易の際に使用した銅銭により賄っていたのだ。しかし、経年劣化により古びた貨幣や、私的に鋳造した私鋳銭（しちゅうせん）（ニセ金）が出回る事態が発生すると、当然のごとく正式な通貨とは認められず、市場などでも避けられるようになった。

こうして、市場に出回る精銭の貨幣量は激減し、新たに鋳造することもできず戦国の世でもいわゆるデフレ経済に陥っていたのだった。

早わかり戦国経済②

目覚ましく発展した流通網

戦国時代の後期（安土桃山時代）になると、戦国大名などにより多くの街道が整備され、領内の治安が向上した。また、海運の中継地点などは交易によって栄え、大名の介入を許さないほどの影響力を持つ都市も現れた。

琵琶湖は交通の要衝

京の付近にあり、地理的に見て日本の中心だった琵琶湖は、水運を用いた人や物資の輸送により、多くの船が行きかっていた。琵琶湖の付近には、古代からある「七道」のうち、東海道・東山道・北陸道が通っており、周辺には多数の城下町が築かれたという。

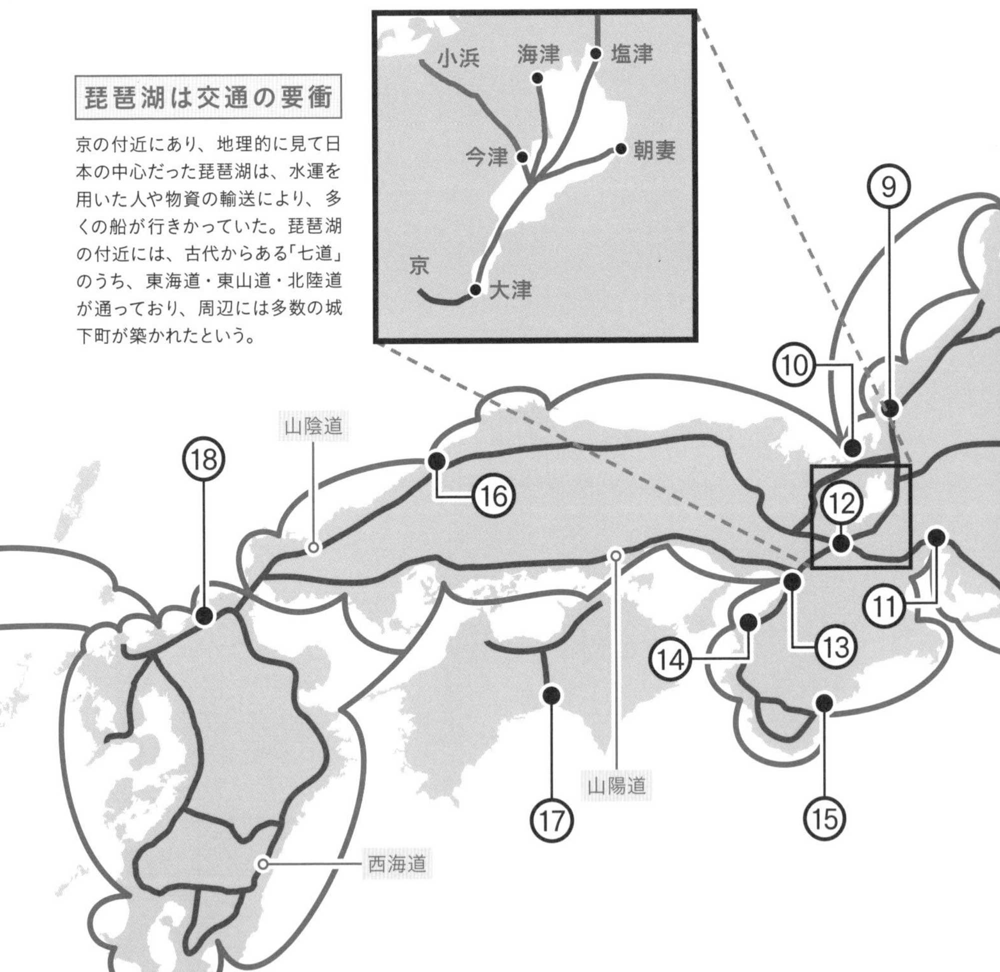

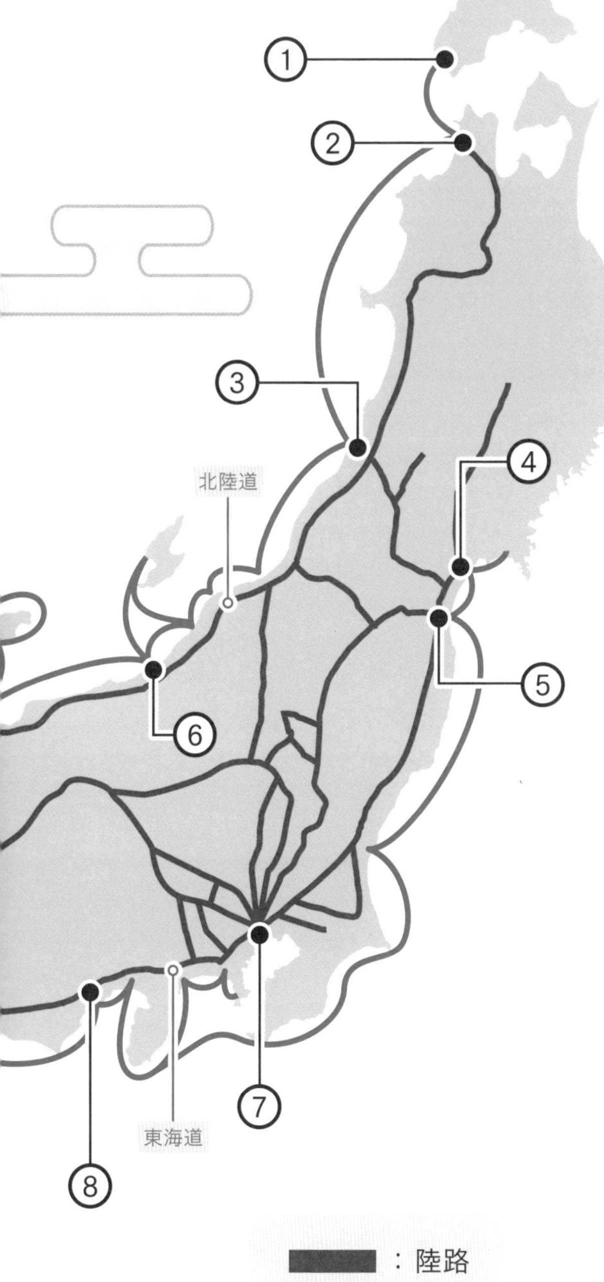

戦国時代の主要都市

①福山（蝦夷）
②十三湊（陸奥国）
③酒田（出羽国）
④塩釜津（陸奥国）
⑤松川浦（陸奥国）
⑥直江津（越後国）
⑦六浦（相模国）
⑧江尻（駿河国）
⑨敦賀（越前国）
⑩小浜（若狭国）
⑪桑名（伊勢国）
⑫京（山城国）
⑬大坂（摂津国）
⑭堺（和泉国）
⑮新宮（紀伊国）
⑯温泉津（石見国）
⑰浦戸（土佐国）
⑱博多（筑前国）

早わかり戦国経済③

貨幣の種類も百花繚乱

今でこそ日本のお金の種類はコインと紙幣で統一されているが、多くの大名が独自に領国を経営していた戦国時代では、その貨幣制度は国によって異なっていた。当時、用いられた貨幣を探ってみたい。

一般的に市場に出回っていた銅銭

永楽通宝

当時、一般的に出回っていた銅銭は明で鋳造されたもの。明の皇帝永楽帝の時代に鋳造されたため永楽通宝という。

市場には粗悪な銭が出回る

文字が摩耗

一部欠けあり

銅銭は摩耗して文字が見えなかったり、一部が欠けても使われていた。こうした粗悪な銭は鐚銭と呼ばれる。「びた一文まけられない」の「びた」の語源ともなった。

戦国時代では日本各地で多くの貨幣が鋳造された。5ページでも前述したように、日本は室町時代より勘合貿易で明と貿易し、多くの銅銭を輸入していたため、一般的に市場にはこの銅銭が出回っていた。しかし、明の海禁政策や東アジア周辺地域の海賊である倭寇の取り締まりが厳しくなると、銅銭の輸入量もしだいに減少し、すでに出回っていた銅銭は、時代を経たことで一部が欠けたり、刻印された文字が摩耗して正式な通貨とは呼べないものとなっていた。

こうした粗悪な銅銭は鐚銭と呼ばれ、商人によっては鐚銭での支払いを拒否したり、大名も税の支払いは正式な銅銭（精銭）を使うよう強制したこと（撰銭）で、貨幣不足が加速したという。市場には精銭よりも私的に鋳造された私鋳銭が多く出回っ

金・銀

古丁銀

西日本の銀山で鋳造された銀貨。一面には刻印が施されている。

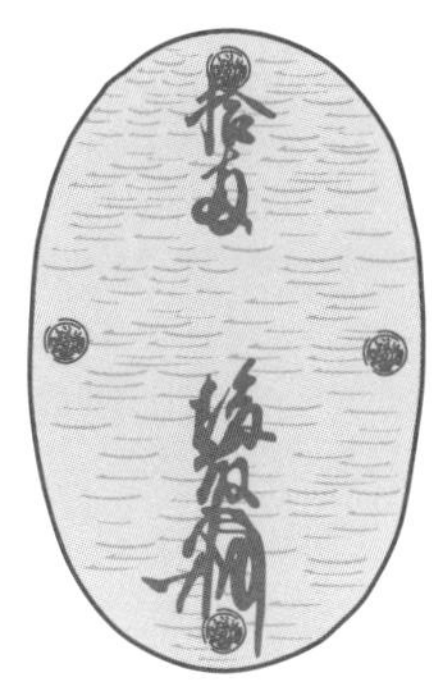

天正大判

豊臣秀吉の命により鋳造された金貨で、贈答や軍需物資の支払いのために用いられた。

甲州金

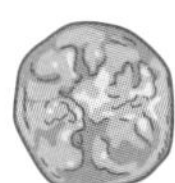

両

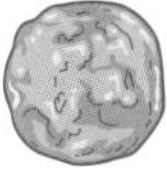

分

朱

糸目

甲斐で鋳造された金貨。4進法が採用され、1両＝4分＝16朱＝64糸目で同価値。「金に糸目をつけない」の語源はここから。

当時のお金の単位

1文＝1銭

1疋＝1文×10

1結＝1文×100

1貫（1連）＝1文×1000

たほか、とくに農民に至っては度重なる戦や飢饉により精銭の用意が難しく、他国へ逃げることも少なくなかった。

この貨幣不足を止め、経済を円滑に動かすため、室町幕府や多くの大名たちは撰銭を禁止する撰銭令を発令。特に織田信長は鐚銭と精銭の交換レートを定めるなど、苦心していたことがうかがえる。また、戦国時代では、現在世界遺産にも登録されている石見銀山の発見や、灰吹法と呼ばれる精錬法が伝わったことにより、銀の生産高は世界の3分の1を占めるほどだったという。

さらに、独自の貨幣制度を作り上げた例としては甲斐の武田家があげられる。金山が豊富な甲斐では甲州金と呼ばれる金貨が鋳造され、史上はじめて貨幣本体に額面が記載されたとされる。甲州金は武田家滅亡後に江戸幕府へと受け継がれていった。

contents

一章　平民経済の作法

二章 領国経営の作法

三章　経済戦争の作法

四章　貿易と流通の作法

SPECIAL EDITION ①

SPECIAL EDITION ②

column

一章

平民経済の作法

戦国時代の主役は、鎧兜を身につけた武士たちだ。しかし、経済的な視点でこの時代を観察すると、商人や農民の姿が浮かび上がってくる。商業や流通、税などのシステムは、彼らの存在がなければ機能しなかったからだ。本章では、そんな平民たちの経済事情を探っていく。

平民経済の作法 その1

生活を保障してくれる見返りとして農民は年貢を納めていた

該当する人々	大名	公家	商人	農民	その他

該当する時代	室町後期	戦国初期	戦国中期	戦国後期	江戸初期

気に入らない領主には村ごと逃げ出すことも……

大名や領主は支配下の村に対して年貢や公事(くじ)を要求する。このとき年貢などを個々の村人に対して課すのではなく、村という1つのコミュニティに対して課すのが当時のありようだった。これを「村請(むらうけ)」という。領主から法令が出される場合も同様。逆に村側から領主に訴訟を起こすときは、村人個人ではなく村総体として行った。

現代は格差社会といわれるが、社会的な立場の違いは戦国時代から変わらずある。支配する側、される側。そうした身分の違いも厳然として存在していた。ただし、領主とその支配下にある村の間には、見方によっては対等な関係が成立していた。双方が主体となり、互いに義務を持ち合う、双務的な契約が成立していたのである。

こうした関係は戦時にも及ぶ。領主は支配下の村が外敵から襲撃された場合、これを防衛する義務を負う。双務的というのはこのことを指す。そのための年貢負担なのである。ここで領主が防衛の任をあっさり放棄しようものなら、村は1つの選択肢として、外敵を新たな領主として受け入れることになる。契約違反した前領主を見かぎり、新たな領主と新たな契約を結ぶというわけだ。

不作のときに領主が年貢の減免に応じるのも、日常的な農民の負担への見返りである。平和で安定した生活。それを領主が保障する限りにおいて、村は年貢や労働力を差し出すのだ。領主が、年貢の減免に応じなければ、実力行使も辞さない。家や耕作地を捨てて逃亡する逃散(ちょうさん)は、よく使われる抗議方法だ。すぐに領主が考えを変えればいいが、無視したり、対応を誤ったりすれば、農民たちはそのまま他所に移住し、村は消滅してしまう。そうなれば今まで得られていた年貢もすっかり失われるというわけである。

農民支配

農民と領主は持ちつ持たれつの相関関係

税をとらなければ領国経営は安定せず、税をとり過ぎれば農民に愛想をつかれる。領主はバランス感覚を求められた。

勧農（かんのう）

農民から税を集めるには、田畑で働くための環境整備が必要。そのため大名は、必要な資金を農民に提供したと考えられる。

村の防衛

村を守るのは、基本的にはその地に住んでいる農民の役目。ただ、領国を経営する武士たちも村々を見回っていたようだ。

年貢

領主と農民は支配関係にあるのではなく、双務的な関係だった。農民たちは領主に恩を感じることで、年貢を納めていた。

逃散

年貢などの領主側の政策に対して、農民が不満を持ったときは近くの山に隠れて抗議した。是正されない場合は村を捨てることもあった。

平民経済の作法 その2

国の境界線に住んでいた農民は年貢を二重に搾取された

該当する人々	大名	公家	商人	農民	その他

該当する時代	室町後期	戦国初期	戦国中期	戦国後期	江戸初期

中抜きは当たり前！ 搾取が横行した戦国時代

領地の権利関係があいまいなこともあり、戦国時代の農民は多大な税に苦しんでいた。領主だけでなく、現地管理を行う荘官などから二重に税をかけられることもあれば、領地の境界付近に住む者は隣り合う２カ所の領主に税を納める場合もあった。

時代が下るにつれ、中間搾取が増えたのも大きな問題だった。農民は荘官のほかに、守護（幕府の行政官）や地主にも年貢を納めなければならなくなった。たとえば、ある農地で納める年貢が一石五斗のとき、領主や守護に納める段銭（たんせん）（守護による課税）を抜いた九斗を地主が取り分とした例もある。

年貢制度が整備された江戸時代の場合、藩領の場合は藩へ、天領（幕府領）の場合は幕府へ、一石五斗の年貢はほぼそのまま納められるのが通例である。それに比べると、ピンハネの割合が尋常ではない。

和泉国（いずみのくに）の熊取（くまとり）という地を例に挙げよう。応仁（おうにん）２年（1468年）には土地の年貢が七斗に対し、地主の取り分は六斗だった。この時点では年貢のほうがやや高い。ところが戦国時代真っただ中の永禄（えいろく）３年（1560年）になると、年貢四斗四升に対し、地主は一石七斗を得ている。地主の取り分が、年貢の実に４倍もあり、すさまじいほどの増大ぶりである。原因は年貢高（納税率）の固定化にあった。

南北朝から始まる戦乱の時代、長い騒乱でたしかに土地は疲弊していたが、一方で生産効率は上がり生産力自体は伸びを見せていた。生産高の増加は、すなわち純利益の拡大を意味するが、ここで納税率が固定されているとどうなるだろう。分母が大きくなっているため、地主の取り分が多くなるのである。このように当時の農民は、恒常的に地主階級からの中抜きに苦しんでいたのである。

搾取

農民は何重にも税を支払っていた！

下剋上や戦が続く混乱期では、農民は税をさまざまな人々から要求された。そんな搾取の実態を見てみたい。

搾取

農民

本来は守護に納める税を、地頭や加持子名主にも要求された。

搾取

守護

幕府が任命した行政官であり、その土地のトップ。地頭を監督する立場にあった。

搾取

地頭

租税の徴収や軍役など、その土地の実質的な管理を行った。その地の武家から選出された。

加持子名主（かじしみょうしゅ）

農村をまとめる立場にあった農民の長。立場を利用して税を徴収する者がいた。

戦国FILE

戦国大名の躍進によって農民の搾取がなくなった

かように税をむしりとられていた農民たちだが、戦国大名の力が強まったことで、守護や地頭、加持子名主は消滅。税は一本化され、農民たちは搾取されることがなくなった。

平民経済の作法 その3

商人が商いをするには、権力者に金品を贈る必要があった

該当する人々	大名	公家	商人	農民	その他

該当する時代	室町後期	戦国初期	戦国中期	戦国後期	江戸初期

権力者から庇護を受けて特権を手にした商人たち

日銭を稼ぐために土地から土地へと渡り歩き、商いを行っていた商人たち。経済的に発展途上といえる中世の時代は、そんな彼らの行いこそが、都市の興隆や都市間の文化的結びつきを促進させた。とはいえ、この時代の商行為というのは容易ではなかった。

当時の国の中心といえば京都。その周辺地域で商いをするには、いくつかの特権を必要とした。まずは商品の販売権。売るものがあっても売る権利がなければどうしようもない。次に通行権。都に通じる道や河川には多数の関所が設けられ、それぞれ関銭（せきせん）と呼ばれる税金が課せられた。通行権はその負担から逃れ、関銭の免除を受ける権利である。また、ほかにも土地や田畑など、生活に関するさまざまなものに税はかけられていた。これらの特権を持ちえない限りは商いなどできなかったのだ。

ちなみに、障壁となるさまざまな税負担から逃れるには、朝廷や公家、有力な寺社の庇護を必要とした。そんな権力者の庇護の下で成立した特権的かつ閉鎖的な商業集団が「座」と呼ばれるものであった。

ところが戦乱の世が本格化すると状況が一変する。各地に現れた戦国大名によって全国が分割統治されると、商業面にも影響が及んだ。戦国大名たちも商人に対してさまざまな特権を与えて庇護し、商人は領国内で物資を集めるばかりでなく、京都の商品を領国に持ち込んだのである。その結果、戦国大名は商人を通じて、領国にはなかった多種多様な物資を入手することができるようになった。

こうして大名の領国ごとに経済。自主性が強まり、座や中央権力の及ばない経済圏が完成。流通が発達していくと同時に、閉鎖的で封建的な従来の座は実情に合わなくなっていった。

商人の掟

権力にすり寄らなければ商いはできない

朝廷や公家、戦国大名などが戦国時代の有力者。商人が商いを始めるには、彼らから許可を得なければならなかった。

権力者への配慮

商人は権力者たちから商売を許可してもらうために、金銭や茶器などの高価なものを贈った。

座

朝廷や公家などの庇護を受け、京都では「座」と呼ばれる商業集団ができあがった。

排他的・閉鎖的な座

商人の数が増えると儲けが少なくなるので、座は新しく参入する商人たちを拒んだ。

戦国大名の庇護

商人の中には、戦国大名に金銭を手渡して領国内で商売を始める者も現れるようになった。

儲けを独占

有力な大名の下で商売を行えば、国力が上がるのに比例して、商売も右肩上がりになった。

御用商人

戦国大名の庇護を受けた商人は「御用商人」と呼ばれ、巨万の富を築くことができた。

平民経済の作法 その4

一介の行商人から大名に成り上がった者がいた

該当する人々	大名	公家	商人	農民	その他

該当する時代	室町後期	戦国初期	戦国中期	戦国後期	江戸初期

功名心や野心を胸に秘め商品を売って生活する日々

今でいう行商人は、当時、連雀(れんじゃく)商人と呼ばれていた。連雀と呼ばれる道具を背負い、これに商品をくくりつけて商いに歩く者が多かったことに由来する。連雀はもともとスズメ目の小鳥の名で、連雀商人の用いる道具が、左右の翼に1本ずつの長い羽が垂れている様子と似ていたため、名称として用いられるようになった。連雀の代わりに、天秤棒(てんびんぼう)を使って荷を担いでものを売ったのが振売(ふりうり)で、これも行商人のことを指した。

全国を巡って商いをする行商人は、戦国時代になると城下町で催される定期市で物品を売った。ひとくちに行商人といっても、取り扱う商品ごとに多様な種類がある。お菓子を売る糖(あめ)粽売(ちまきうり)、地黄煎売(じおうせんうり)、生活用品を売る材木(ざいもく)売(うり)、竹売(たけうり)、食料品を売る菜売(なうり)、鳥売(とりうり)などである。女性が多いのも行商人の特徴で、炭や薪を頭に載せて売った大原女(おはらめ)や、桂川でとれた鮎を売る桂女(かつらめ)が有名。ほかに扇や布、魚や豆腐を売るのは女性の行商人が多かった。

このように店舗を持たない商人としては、下層といえる行商人から大名にまで成り上がった者もいる。才能と運さえあれば成り上がれるのが戦国時代。とはいえ、底辺からの成り上がりは容易ではない。それもゴールが天下人となれば奇跡に近い確率であったろう。その奇跡を成し遂げたのが豊臣秀吉である。出自については確かでなく、多くの異説がある秀吉だが、『太閤記』によると少年時代、父の遺産で針を買って、困ったときにはそれを売って放浪したという。

また、かつて知られた通説として、下剋上(げこくじょう)で成り上がった斎藤道三(どうさん)も行商人だったとされる。油売から立身出世を果たし、そこから美濃(みの)一国を手に入れて、やがて売り出し中の織田信長を娘婿としたというのだ。

商人の成り立ち

権力者と蜜月の関係を築いていた商人

戦国時代が始まる前から存在していた商人は、さまざまな特権を権力者から得て、全国各地を飛び回っていた。

供御人(くごにん)

天皇や皇族などに海産物や工芸品を貢納していた集団。朝廷に属しており、納税の免除などの特権を有していた。

神人(じにん)

有力な寺社に魚介類などを奉じていた商人。寺社が持つ強大な権力を盾にして、全国を飛び回り余剰の産物を売り歩いていた。

自由通行権

権力者と強い結びつきがあった供御人や神人は、自由通行権を持つことが許されていて、関銭を払うことなく関所を通ることができた。

行商人①

中世は行商人という形でビジネスが発達

今ではほとんど見かけなくなった行商人だが、当時は行商スタイルがスタンダードで、薬や飴、肉などを売っていた。

地黄煎売

赤矢地黄と呼ばれる植物の根を煎じた生薬を売っていた商人。番匠笠と呼ばれる笠を頭につけているのが特徴。

糖粽売

もち米を主な原料とした糖粽という飴を売っていた行商人。糖粽とも読み、武士たちの携行食・陣中食にもなった。

竹売

竹を売っていた行商人で、竹供御人と呼ばれる身分の高い者もいた。農民が竹を伐採し、竹売になるケースもあった。

鳥売

鳥を売る行商人で、雉や鶴を食用として販売していた。また、鳥だけでなく狼や兎、狐や狸なども取り扱っていたという。

行商人②

行商人として活躍するのは男性だけに非ず！

戦国時代に最も活気があり、多くの人で賑わっていた京の都。そこでは、男性だけでなく、女性の行商人の姿もあった。

販女

行商を生業とする女性の総称。荷物を運ぶ際は、布を頭にかぶり、壺や桶、籠などの容器に入れて、頭上に載せるのが一般的だった。

大原女

京の都の行商で、薪を売っていた女性のこと。山城国大原（現在の京都府京都市左京区大原）が、薪の産地だったのでこの名がついた。

桂女

山城国葛野郡桂（現在の京都府京都市西京区桂）に住んでいた行商人。商いを行うだけでなく、巫女や遊女の役割も担っていた。

白川女

京の都を流れる白川で、季節の花々を売っていた行商人。平安中期、京都御所に花を届けたのが始まりとされている。

平民経済の作法 その5

刀や鉄砲などの軍事物資は、商人が仕入れて大名に納めていた

該当する人々	大名	公家	商人	農民	その他

該当する時代	室町後期	戦国初期	戦国中期	戦国後期	江戸初期

戦国大名と御用商人は互いに利用し合っていた

特定商品の専売権などの特権を受ける代わりに、地域の流通を促して戦国大名による領国経営を支えた御用商人たち。彼らの力は合戦の際にも大いに発揮された。戦で最も重要なのは武器と食糧だが、これらの調達も御用商人の重要な仕事だったのだ。

時を選ばず突発的に起きる合戦の際に、大量の物資をすみやかに提供する。容易なことではないが、有事にそうした無理を聞き入れるからこそ、普段の商業活動が許されていたのだ。大名の立場からしてみれば、常日頃から手厚く保護していたのだから、有事には融通を利かせるのが当たり前といったところだろう。

戦国大名に仕える御用商人の中には、商人司（しょうにんつかさ）と呼ばれる特権的な立場の者も存在した。彼らは支配地域内において、商人たちの統率、他国からの行商人の取り締まり、商業に関する各種関税の徴収代行を認められていた。蘆名（あしな）氏に仕えた簗田（やなだ）氏や今川氏に仕えた友野（ともの）氏、上杉氏に仕えた蔵田（くらた）氏などがその代表である。

堺の商人・今井宗久（いまいそうきゅう）という人物は、茶器の名器を織田信長に多数献上したことで気に入られるようになった。やがて摂津国（せっつのくに）の代官に任命されると、淀川の関銭免除や、生野（いくの）銀山の運営などさまざまな権益を与えられるに至る。もともと武器商人として財を成した今井宗久だったが、持ち前の先見の明により織田陣営の財政と軍需を一手に任される豪商となったのだ。

御用商人の中には海運業で財を成す者も多かった。対外貿易で利益を上げる傍ら、仕える大名に諸外国の事情を伝えるケースもあったという。外国に限らず、国内各地の情勢を大名に伝えるのも御用商人の重要な役割。地域間の移動を自然に行える商行為は、情報収集に最適ということだろう。

御用商人

大名の望みは何でも叶える腕利きの商人！

大名の庇護の下、巨万の富を築いた御用商人。それゆえ、大名に義理を欠くようなことはしなかった。

御用聞き

日頃から持ちつ持たれつの関係にあった御用商人と大名。戦時になると大名に呼び出され、物資の調達を依頼された。

食糧の調達

戦になれば、大名は兵士に食糧を支給しなければならない。食糧調達の役目は商人で、必要に応じた数を揃えた。

武器の調達

商人は食糧だけではなく、武器の調達を任されることがあった。鉄砲や刀、弓などの仕入れを任され、戦を手伝った。

情報の提供

全国を飛び回れる商人は、国内外の情報を集めさせるのにうってつけの存在。彼らは耳よりな情報を得ると、大名に提供した。

平民経済の作法 その6

大坂の商人集団は大名よりも力を持っていた

該当する人々	**大名**	公家	**商人**	農民	その他

該当する時代	**室町後期**	**戦国初期**	戦国中期	戦国後期	江戸初期

大名でも容易に手が出せない自治都市・堺の存在感

現在の大阪湾に面する瀬戸内の港湾都市・堺。その名は、摂津・和泉・河内の3国の"境い目"にあることに由来する。応仁・文明の乱以降、堺は日明貿易の拠点として栄え、戦国時代には多くの工業生産品を生み出す国内最先端の都市として最盛期を迎えていた。

海外から入ってきた鉄砲や弾薬なども早くから流通していたが、やがて堺は職人を多く抱える生産都市としての顔も持っていた。製造から流通まで一手にこなすことで、堺は日本の中心的な武器の弾薬庫となっていく。

こうなると天下をうかがう有力大名たちも黙ってはいない。堺を支配下に置くべく、さまざまな働きかけを行うが、目的を同じくするライバルたちも多く、事は容易に進まなかった。また、堺が自治都市として対外的に容認されていたほか、相応の武力を有していたことも理由に挙げられる。

もとより力押しで堺を落としても、大名側に利点はなかった。堺が滅びてしまっては、肝心のこの町で生産されたり持ち込まれたりする物資が手に入らなくなってしまうからだ。また、物流の中心地が失われれば畿内の、ひいては国内の経済に悪影響を及ぼしてしまう。そう考えると、なかなか手が出しづらかったのである。

戦国大名の支配地でもないのに、戦国の世で大きな存在を放った堺。その影響力により、戦の調停を行ったケースもある。足利将軍を京都から追い出し、一時的に政権を奪った三好長慶の死後、重臣だった松永久秀と三好三人衆が交戦し、久秀が堺に逃げ込んだことがあった。このとき堺の町を取り仕切っていた会合衆は三好三人衆の勝利と判定し、戦火にさらされることなく戦は収束した。支配階級であるはずの武士よりも、堺の町では商人たちのほうが立場は上だったのだ。

自治都市・堺

貿易の拠点として多くの商人で賑わった町

商業の中心地として栄えた堺は、大名といえども、うかつに足を踏み入れることができない商人の自治都市であった。

貿易

大坂湾に面する堺は、交易が盛んに行われ国内外の船が頻繁に訪れた。多くの物資が手に入ることで、商人たちは巨万の富を得た。

鉄砲の製造

数多くの鉄砲が流通していた堺。商人たちは、次第に製造・販売まで手がけ、堺は国内有数の鉄砲の生産地になった。

自治都市

町の出入り口には門が設置され、周囲には堀がめぐらされた。武士が襲ってきても、簡単には侵入を許さない高い防御性を誇っていた。

会合衆（※読み方は、かいごうしゅうとも）

堺の有力商人10人ほどのメンバーで構成された自治組織。名称は異なるが、伊勢や博多などの都市にも類似の組織があった。

平民経済の作法 その7

市場の活性化と共に、定期市は月3回から月6回へ増えた

該当する人々	大名	公家	商人	農民	その他

該当する時代	室町後期	戦国初期	戦国中期	戦国後期	江戸初期

戦国大名の城下町では定期的に市が開かれていた

戦国大名の領地では、六斎市という市が催されることがあった。これは中世以降、月に6回開かれた定期市のことで、仏教行事の六斎日（在家信者が行いを慎む日）にちなんでいる。開催日は10日の間に2日ほど開催されるのが基本。開催日は場所によって異なるが、1、6、11、16、21、26と5日おきに開かれるところが多かったようである。

この六斎市に出店する店舗は、いわゆる屋台のような形式をとっていた。定期市とはいえ、常設の店舗ではないため、移動と設置が容易な屋台が好まれたのだろう。そうした屋台店が一般の店舗とともに多くの客を呼び込み、六斎市は大いに賑わった。

領内における経済活動が活発になれば、それだけ国が富む。戦国大名が積極的に市を開催したゆえんだが、この時代に城下町を整備して自国内に巨大な経済圏を築く先鞭をつけたのは、やはり織田信長だろう。地域における自由な商売を振興するべく、座が持つ特権と市場税を廃止した楽市楽座という政策をとったのだ。信長の専売特許ではないが、最も効果的にこの制度を取り入れたのは、信長の居城・安土城の城下町だった。

イエズス会の宣教師ルイス＝フロイスが残した書によると、日々発展と繁栄を続ける安土城下の町の長さは、距離にして約5.6キロに達したという。これはパリのシャンゼリゼ通りの倍以上だ。当時の賑わいが想像される。

特定の商人たちによる座が市場を独占し、儲けの一部が寺社などに納められる旧来のやり方では、領主のうまみがまるでない。そのため織田信長をはじめとする戦国大名たちは、自らの城下町を新興商人でも参入可能な自由な商業都市として発展させた。結果、そうして手に入れた財力は、戦を有利に進める原動力となっていくのである。

六斎市

月に6回ほど屋台が出店した戦国の定期市

戦国大名の領内では、六斎市という定期市が開かれるところもあった。そこでは食料だけでなく舶来品も手に入った。

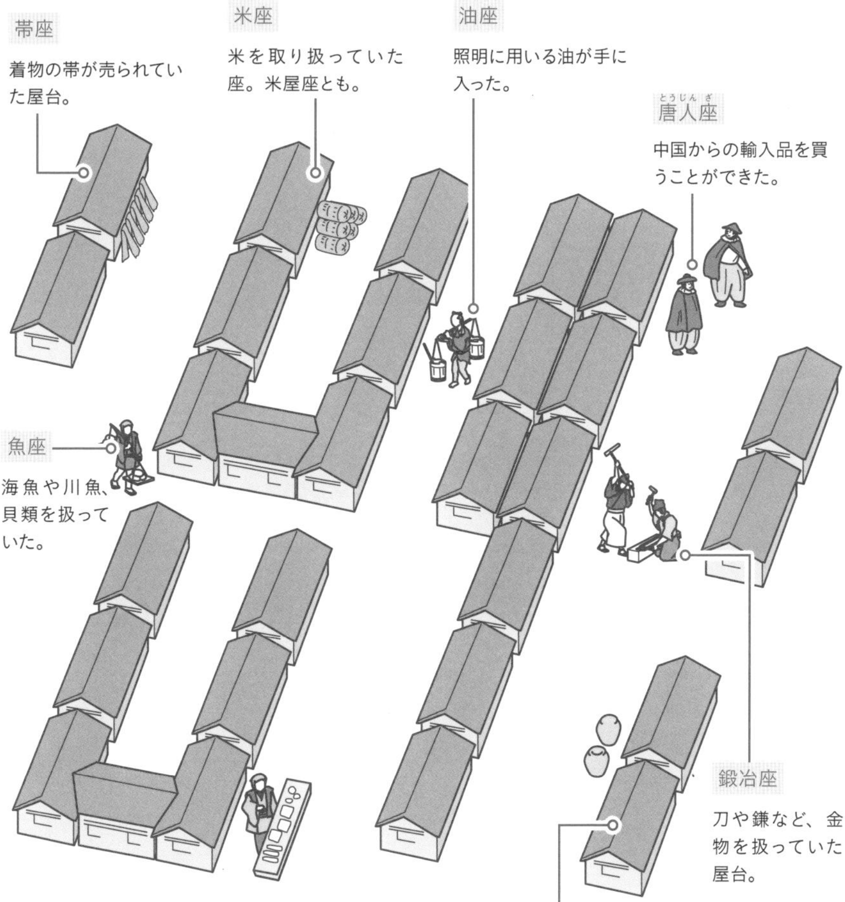

帯座

着物の帯が売られていた屋台。

米座

米を取り扱っていた座。米屋座とも。

油座

照明に用いる油が手に入った。

唐人座（とうじんざ）

中国からの輸入品を買うことができた。

魚座

海魚や川魚、貝類を扱っていた。

鍛冶座

刀や鎌など、金物を扱っていた屋台。

釜座（かまんざ）

釜だけでなく、鍋や鐘などを売っていた。

六斎市

鎌倉時代は三斎市と呼ばれる月3回の定期市だったが、戦国時代になると経済の発展に伴って六斎市（月6回）となった。

平民経済の作法 その8

流通が発達した戦国時代では地酒ブームが起こっていた！

該当する人々 ▷	大名	公家	**商人**	農民	その他

該当する時代 ▷	室町後期	**戦国初期**	**戦国中期**	**戦国後期**	**江戸初期**

地酒に焼酎に赤ワイン……魅力的なお酒が多数誕生！

日本酒の歴史は古いが、造り酒屋が盛んになったのは中世以降のこと。造り酒屋は、蔵で醸造した酒を自ら経営する店舗で販売するというスタイル。経済文化の中心である京都の伏見などで大いに栄えた。また、大寺院で醸造する平安時代以来の僧坊酒も根強い人気があった。

酒の席が多く飲酒量が多かったといわれる室町後期から安土桃山に至る時代は、こうした酒を取り巻く環境が一変した時期でもある。群雄が各地に乱立し、土地を分割統治する中で、造り酒屋も全国に広がりを見せるようになる。そうして誕生したのが地酒である。

本場京都の造り酒屋は、このような傾向に警戒を強めるものの、独自性を持つ新しい酒の登場は市場で受け入れられていく。そんな地酒の代表といえるのが西宮の旨酒、加賀の菊酒、伊豆の江川酒、河内の平野酒、博多の練貫酒（練酒）などである。このうち練貫酒は、餅米を用い、もろみを臼で引きつぶして造るペースト状の酒。練り絹のような照りを持つ甘口の酒で、貴族や大名の間で人気が高かった。豊臣秀吉が慶長3年（1598年）に京都醍醐寺で催した醍醐の花見でも、菊酒や江川酒のほか、練貫酒がふるまわれたという。

日本酒は製法上、醸造酒に分類される。一方で焼酎やウイスキー、ウォッカなど醸造酒を蒸留してできるのが蒸留酒。戦国時代には海外からさまざまな技術が伝わったが、蒸留技術もその１つ。蒸留酒（焼酎）は琉球や九州に広がった。

ちなみに、ワインの渡来もこの時期。宣教師フランシスコ＝ザビエルは、一説によると最初に日本酒を口にした西洋人である。その一方でザビエルは、島津貴久や大内義隆などの大名に、チンタ酒（赤ワイン）を献上したという記録が残っている。

地酒

ご当地の酒が手に入るようになった

流通の発展と共に多くの人々を魅了したのが地酒。全国から味自慢の地酒が集まり、市は大いに賑わいを見せた。

地方の地酒が続々と集結

戦国時代に仕込み桶が開発され、地方でも酒の大量生産が可能に。次々とローカルブランドが誕生し、酒文化が花開いた。

焼酎造り

戦国時代に焼酎造りも盛んになった。「芋酒」の名で京でも売られた。

外国人宣教師と日本酒

宣教師のザビエルたちも日本酒を味わった。ワインなど、酒は冷やして飲む西洋人にとって、酒を温めて飲む文化はなかったのでカルチャーショックを受けたという。

戦国FILE

織田信長は酒が飲めず大の甘党だった

豪快に酒を飲むイメージがある織田信長だが、実は酒がほとんど飲めず、その代わり甘い食べ物を好んだ。外国人宣教師が金平糖を献上すると、非常に喜んだという記録が残されている。

平民経済の作法 その9

比叡山延暦寺は金利の高い貸し金業を営んでいた

該当する人々 ▷	大名	公家	商人	**農民**	**その他**

該当する時代 ▷	**室町後期**	**戦国初期**	戦国中期	戦国後期	江戸初期

困っている相手に高利で貸し脅して返済を迫る闇金体質

古くから「出挙(すいこ)」と呼ばれる貸し付け制度はあった。農民へ稲の種もみや、または金銭などを貸し付け、秋の収穫期に利息付きで返還させるものだ。貧民対策が本来の目的だが、時代が下るにつれ利息収入に重きが置かれるようになり、行政にとって貴重な財源となっていく。いわば、税金に近い性質のものだ。対して、これを私的に行うものを「私出挙(しすいこ)」という。当時、私出挙の貸し手として、大々的に貸し付けを行っていたのが寺社勢力だった。

中世以降、寺社は多大な寄進を受け、私有地である広大な荘園(しょうえん)を所有するようになった。そこで荘園から得る米や寄進された米を原資に、出挙として非常に高利で貸し付けを行うようになったのだ。その代表格が比叡山である。延暦寺と関係が深い比叡山の日吉大社(ひよしたいしゃ)――『古事記』にも記述されている歴史ある神社が私出挙を行う際、その経済的な支柱となったのが延暦寺だった。日吉大社は全国に神の使いと称する「神人(じにん)」を送り込み、私出挙のあっせんを行った。

中世以降、貨幣経済の発展と共に、私出挙は種もみを貸すのでなく、より直接的な貸金業「土倉(どそう)」へと姿を変えていく。土倉は現在の質屋に似たものだが、このシステムが非常に悪質だった。返済が滞ると武装した取立人が乗り込んで、金を返さねば仏罰が下ると脅しつけたという。そもそも貸し付け利息がまともではなく、標準的な利息が年利48～72％というのだから、借りたら最後。返済に困った農民が、大事な田畑を取り上げられるなど日常茶飯事であった。

ちなみに、京都の土倉は貸し付けの８割が比叡山と日吉大社によるものだったという。国内経済における当時の首都だった京都の大部分の金融を、寺社勢力が一手に握っていたのだ。

延暦寺

貸金業で暴利をむさぼっていた寺社勢力

寺社というと清廉潔白なイメージだが、戦国時代の彼らは金貸し業を営む武力集団。高い金利で農民を苦しめた。

土地持ち

広大な荘園を持っていたことで、多大な税収があった延暦寺。彼らは戦国大名が一目置くほどの経済力を持っていた。

貸し金

荘園からの税だけでなく、貸金業で利益を上げていた。金利は48〜72%という驚くべき高さで、農民は返済に苦しんだ。

仏罰

取り立ては厳しく、金を返さない者には仏罰が当たると脅した。信心深い債務者ほど効果が高かったと思われる。

戦国FILE

延暦寺は人の集まる境内も貸して多額の利益を得ていた

どこでも市が開けるくらい広い土地を持っていた延暦寺。しかし、市が開かれるのは必ず自分たちが持っている寺社の境内だった。商人たちから場所代をとることで日銭を稼いでいたのだ。

平民経済の作法 その10

戦国の経済に影響を及ぼすほどの財閥が8つもあった

該当する人々	大名	公家	商人	農民	**その他**

該当する時代	**室町後期**	**戦国初期**	戦国中期	戦国後期	江戸初期

寺社が戦国時代の財閥として既得権益を握っていた

室町から安土桃山に至る時代において、日本の資産の大半を寺社が所有していたというと驚かれるかもしれない。戦国の主役は戦の担い手である武士なのは間違いないが、当時の寺社には豊富な財力があり、かなりの権力と存在感を誇っていたのだ。同時に、戦国大名に対抗できるだけの武力も有していたのである。

室町時代後期の永正(えいしょう)5年(1508年)、幕政を執行する立場にあった管領(かんれい)(将軍の補佐役)の細川高国(ほそかわたかくに)は、粗悪銭の取り扱いを定めた「撰銭令(えりぜにれい)」を発布した。その際、最初に法令の対象となったのが当時の大金持ちとされる面々である。まず金持ちに浸透すれば、下々はこれにならうと考えたのだ。

その顔ぶれというのが、大山崎(おおやまざき)(京都自治都市)、堺(大坂自治都市)、山門(さんもん)使節(幕府による延暦寺の宗徒統制のための組織)、青蓮院(しょうれんいん)(天台宗寺院)、興福寺(法相宗大本山)、比叡山三塔(三院から構成される延暦寺の異称)、大内(おおうち)義興(よしおき)(戦国大名、幕府の管領代)、細川高国(戦国大名、幕府の管領)。

これら8つの団体と個人は、国内経済に強い影響を及ぼす戦国時代の8大財閥ということになろうか。ちなみに8大財閥のうちの3つ、山門使節、青蓮院、比叡山三塔は比叡山に関わりを持っている。

織田信長が仏教勢力と敵対したのも、こう見ると宗教弾圧などとは違う、別の側面が浮かび上がってくる。既得権益の破壊、もしくは収奪である。

比叡山延暦寺に代表される寺社勢力は、政治経済に影響を及ぼす特権階級。であるならば、天下統一を目指し、国のあらゆる権益を手中に収めようという信長にとって、大きな障害と見えて当然。逆に比叡山にとって信長は、既得権益権の収奪者にほかならない。両者の激突は自然な流れだったのだ。

8 大財閥

戦乱の世で高い経済力を持っていた者たち

市場を独占するお金持ちグループは戦国時代にもあった。その中でも、寺社勢力は特に目立つ存在だった。

寺社勢力

寺社勢力の中でも興福寺を除いた青蓮院、山門使節、比叡山三塔の3つのグループは比叡山に関係。この時代、僧侶は高い武力と経済力を手にしていた。

撰銭令

質の悪い貨幣の流通を是正するために作られた法律。室町時代後期の撰銭令では、大金を蓄えていた8つの団体・個人に発布された。

細川高国

室町幕府の管領であり、摂津国、丹波国、土佐国などの守護を務めた大大名。

大内義興

周防、長門、石見、安芸などの守護。管領代として実権を握った。

堺（大坂自治都市）

商人の町として栄えた大坂の堺。自治都市として莫大な富を背景に影響力を持っていた。

大山崎（京都自治都市）

京都の一角を自治していた大山崎。油の産地として、大きな力があった。

平民経済の作法 その11

酒や麹、織物などの商工業は、寺社勢力が独占していた

該当する人々	**大名**	**公家**	商人	農民	その他

該当する時代	**室町後期**	**戦国初期**	戦国中期	戦国後期	江戸初期

都の金融だけでは飽き足らず生活必需品の流通も独占

当時の商いは、定期的に開催される市を中心に行われていた。常設の固定店舗での商売はまだ主流ではなく、市が開かれるのは広い土地が確保できて、人が多く集まる場所で行われていた。そこで思い浮かぶのが寺社の敷地である。市が寺社の縁日で開かれることが多いゆえんだ。

そもそも市の主催者からして寺社なのだから、必然的に市に関わる人々への影響力も強くなる。出店するには寺社の許可が必要なほか、いざ店を出せば所定の地代（地子銭）も生じるため、その上がりを手にできる点からも寺社側にはうまみがあった。そして、許可を得られない業者は締め出しを食らうようになる。同業者組合である座による、閉鎖的な支配が進んでいったのだ。

しかも、これだけにとどまらない。寺社は市の主催だけでは飽き足らず、流通支配に乗り出すようになる。朝廷や幕府にはかり、特定の品の独占販売権を手に入れるようになったのだ。結果、酒は比叡山、織物は祇園社、麹は北野社、油は南禅寺というように、生活必需品のシェアを寺社勢力が独占するようになっていった。

この傾向がエスカレートして、寺社同士の利権争いが生じたこともある。比叡山と北野社が麹の製造販売権をめぐって対立した文安の麹騒動である。応永26年（1419年）に北野社が幕府から麹の独占的な製造販売権を得たことで、比叡山を中心とするほかの寺社が反発。この騒動は、文安元年（1444年）に独占権が解除されるまで続いた。

都の金融を握っていた寺社勢力は、それだけに飽き足らず商工業にも手を出していったのである。戦国大名たちにとっても、これら寺社勢力は悩みの種の1つでもあり、先祖代々からその地に根差すため、容易に手を出すことはできなかったのだ。

寺社利権

宗教よりも商業のほうが大切だった！？

商業に乗り出して莫大な利益を上げていた寺社勢力は、宗教団体でありながら酒造りなども行っていた。

商人の締め出し

商人に場所を提供して利ざやを稼いでいた寺社勢力だが、自ら販売したほうが儲けられるので、商人を締め出すこともあった。

献上

朝廷に銭を献上するなど、権力者への根回しも欠かさなかった。朝廷から官位をもらい受け、ますます力をつける僧侶もいた。

商工業への進出

酒の製造に手を出す寺社勢力もあった。酒は販売するだけでなく、儀式やお清めなどにも利用できるので好都合だった。

寺社間での争い

金と武力にまみれた寺社勢力は、宗門での争いが絶えなかった。寺社間だけでなく、戦国大名と争う宗派もあった。

平民経済の作法 その12

寺社勢力が強かったのは良家のボンボンが多かったから

該当する人々	大名	公家	商人	農民	その他

該当する時代	室町後期	戦国初期	戦国中期	戦国後期	江戸初期

名家の子弟を多く抱え支援を受けることで勢力拡大

『平家物語』の中で白河法皇（しらかわほうおう）は、自分の思い通りにならないものとして「賀茂川の水、双六（すごろく）の賽（さい）、山法師（やまほうし）」の３つを挙げている。ひんぱんに氾濫して水害を起こすやっかいな賀茂川。そして不確定さの代名詞であるサイコロの目。これらと並び称される山法師こそ、比叡山延暦寺の僧兵のことである。子から曾孫まで天皇３代、43年間にわたって院政を敷いた白河法皇にして手を焼くほど、比叡山の力は強くなっていたのである。

このように寺社勢力が、中央政権にとって手のつけられない存在になっていったのはなぜか。力の根源となる豊富な財力はどこから得たものか。理由を１つ挙げるなら、寺社に貴人の子弟が多くいたという点は見逃せない。

貴族の家では、古くから世継ぎ争いが日常化していた。家を継ぐことは、親の持つ地位と権力をすべて継ぐことにつながるからだ。そこで、将来の禍根を断つため、次男、三男といった男兄弟を早々に出家させるのは珍しいことではなかった。寺社にボンボン育ちの貴人が意外と多いのはそのためだ。

延暦寺の最高位である天台座主（ざす）（住職）を４回務め、歴史書『愚管抄（ぐかんしょう）』を記したことでも知られる慈円（じえん）は、摂政関白藤原忠通（ふじわらのただみち）の子である。天台座主を経て、室町幕府の第６代将軍の座に就いた足利義教（あしかがよしのり）という変わり種もいる。

これらは極端な例ではあるが、比叡山をはじめとする大きな寺社に、貴族や有力武家の子弟が多く身を寄せていたのは確かだ。そして高貴な出身であればあるほど、実家から荘園を寄進されたり、金品の支援を受けるなどヒモつきであることも多い。それら余禄により勢力を拡大させると同時に、大名顔負けの武力を備えることで、いよいよ寺社の発言力、影響力は強まっていくのである。

寺社の源流

寺社勢力は良家の出身者が少なくなかった

強大な力を持っていた寺社勢力。その背景には出家というシステムがあり、良家の者が寺社勢力に組み込まれていた。

出家

朝廷や公家、幕府などの権力者が引退する際、出家して僧侶になることが多々あった。そのため寺社勢力と権力者の間には強い結びつきが生まれた。

寄進

良家の者が出家すれば、その親族が身を案じて寺社勢力に対して寄進をしないわけにはいかない。そのため土地や税などが寺社勢力に集まった。

還俗

室町幕府6代将軍・足利義教は、一度は出家したものの還俗して将軍になった。古巣である寺社に対して、それなりに目をかけたと考えられる。

戦国FILE

麓の町が襲われた！

戦国大名とたびたび衝突していた寺社勢力。織田信長の蛮行とされる比叡山焼き討ちだが、近年の研究では麓の町が焼かれただけだったとされる。ボンボンが多いだけに、山上は何かと不便なので日頃からいなかったのだろう。

平民経済の作法 その13

寺を建てるのは、寄付金を集めるためのビジネス戦略

該当する人々	大名	公家	商人	農民	その他

該当する時代	室町後期	戦国初期	戦国中期	戦国後期	江戸初期

年貢や税金に頼らない寺内町独特の経済システム

織田信長と長年にわたって抗争をくり広げた大坂本願寺(おおさかほんがんじ)は、15世紀末に摂津国に建立された浄土真宗本願寺系の本山。寺内町(じないまち)として知られている。寺内町は寺の周囲に堀をめぐらして要塞化し、その外周に城下町のように町家を置いた特殊な集落のことである。

そもそも本願寺は、15世紀の中頃にはすっかり衰退していた。これを再生させたのが中興の祖といわれる蓮如(れんにょ)である。比叡山からの攻撃を受けた蓮如は、難を逃れるため都を捨て、越前(えちぜん)福井の吉崎(よしざき)を新たな本拠地とした。そしてここに寺を建てる旨を呼びかけると、全国の門徒から資材が集まり、寒村だった吉崎はみるみるうちに発展を見せていく。本堂の建立から2年、多くの門徒が移住してきた吉崎には民家が建ち並ぶようになり、毎年数万人の門徒が集まるようになった。

比叡山など従来の寺社勢力は、私有地である荘園を持ち、これを拡大することで財力を蓄えてきた。ところが本願寺の方法論はこれとは異なり、荘園を持たずに門徒からの寄進を主な収入とした。寺内町内で物流が発展すると信徒が儲かる。すると本願寺への寄付も増えるというわけだ。

年貢や関所などの通行税に頼らない、自前の経済圏の発展に比例して懐が温かくなるしくみである。町民である門徒たちが積極的に経済に関わり、実は支配層である本願寺に寄付金という名の上納を行う。宗教都市ならではのシステムといえよう。

越前の吉崎は、こうして数年も経たぬうちに寺内町として発展。その後、本願寺は畿内まで進出して大坂に新たな本山・大坂本願寺を築く。経済、宗教両面で強い結びつきを持つ、この寺内町というモデルは各地に広がりを見せ、天下をうかがう戦国大名にも無視できない存在となっていった。

宗教ビジネス

寺を建てれば人が集まり経済が潤う！？

当時の寺社は町に欠かせないサロンのようなもの。寺社勢力は寺を建てることで、その地の活性化をはかった。

①寺を建てる

寺は冠婚葬祭に必須な場所。町を造る際は、寺がなければ始まらなかった。

②人々が集まる

寺が建てられたことで、寺の周辺には人々が集まり1つの町が形成。

③市ができる

人が多くなると商人たちも出入りし、市が開かれ、ますます町が賑わう。

④寄付が集まる

町の経済が発展すれば、その中心である寺には多くの寄付が集まる。

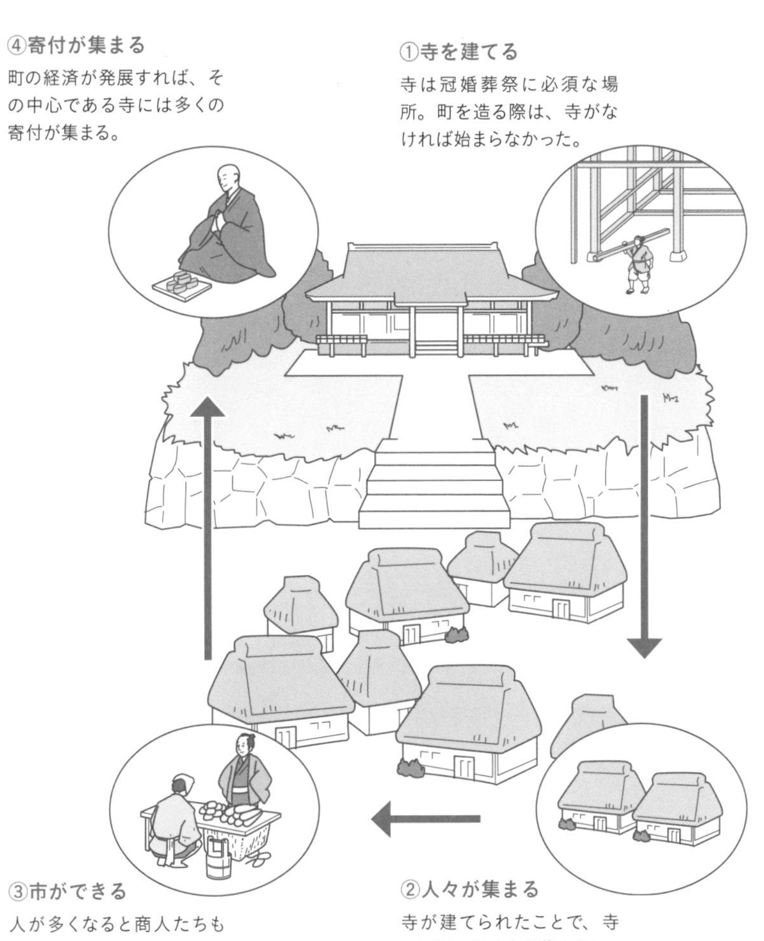

宗教という名のコンテンツビジネス

寺社は今でいうサロンのようなもの。寺を建てれば道ができて多くの人が集まる。多くの人を相手にした商売が生まれると市ができて、寺社勢力はますます経済的に潤うしくみになっていた。

column ①

京都は住みたくない町ナンバーワン!?

権力争いに巻き込まれた庶民たち

日本の伝統文化が息づく町・京都。華やかな印象があるが、戦国時代は治安が悪く、特に織田信長が上洛する前の京都は、荒れに荒れていたという。その理由の1つに、権力者たちによる争いがあった。当時、実際の権力を握っていたのは天皇でも将軍でもなく、「下剋上」を狙った将軍の家来たち。全国のツワモノたちが押し寄せ、戦が繰り返されていたのだ。それと同時に宗教戦争も勃発し、比叡山延暦寺が法華宗の寺を焼き払うという事件なども起きた。京都市中が焼け野原になり、応仁・文明の乱以上の被害だったといわれている。また、物価も高く、あらゆる商売が権力者や豪商の独占状態になっていた。インフレ経済が続き、庶民を苦しめていたのだ。とはいえ、京都は当時の日本の首都。人口の多さはダントツだった。

戦国時代の物価ファイル

戦国時代を生きた大名や町に暮らした町人たちは、当時どのような物価のもとで物の売買をしていたのだろうか。ここでは武具や食品、日用品、城の築城にかかった費用などを、当時の資料から紹介すると共に、現在の円に変換するといかほどか述べたい。

武器から日用品、人身売買まで！

戦国時代の
さまざまな値段

現代と同じく生活に必要だった食料品や日用品はいくらだったのか。また、戦国時代ならではの武具の物価についても紹介していく。

武具編

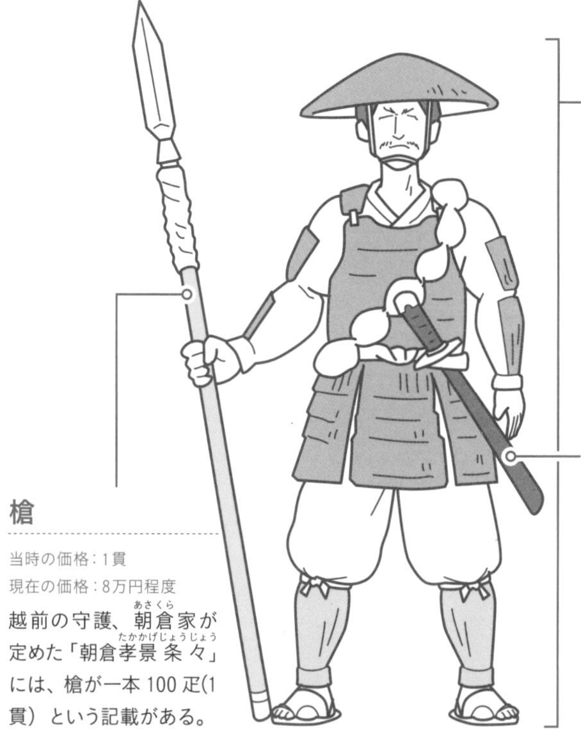

具足（ぐそく）

当時の価格：4貫600文程度
現在の価格：37万円程度

上記は一兵卒が身に着けた具足の値段で、身分や使用素材、地域などによって異なる。

刀

当時の価格：数百文～数貫
現在の価格：数万円程度

上記は戦で使用される打刀（うちがたな）の値段。価値の高いものになると話は変わり、「朝倉孝景条々」には「万疋之太刀（まんびきのたち）」という記述があり、万疋＝100貫のため、これは1500万円程度ということが推測される。

槍

当時の価格：1貫
現在の価格：8万円程度

越前の守護、朝倉（あさくら）家が定めた「朝倉孝景条々（たかかげじょうじょう）」には、槍が一本100疋（1貫）という記載がある。

※1貫8万円、1文80円として計算しています。

弓懸（ゆがけ）

当時の価格：200文
現在の価格：1万6000円程度

弓懸は弓を射る際に手にはめる革製のグローブのようなもの。

弓矢

当時の価格：1貫程度
現在の価格：8万円

基本的に弓矢は自作したとされる。しかし鏃（やじり）の部分は用意が難しく、槍と同額の15万程度で求められたと推測される。

鉄砲

当時の価格：8貫500文
現在の価格：70万円程度

実際のところ、鉄砲の正確な価格を示した資料はない。しかし、鉄砲隊の兵士の日当から割り出すと、おおよそこの価格だと思われる。

馬

当時の価格：8貫500文
現在の価格：70万円程度

馬は現在でいう車のようなもの。一見中古車程度の金額にも思えるが、馬は購入したあとの養育費が高くつくため、上記の金額が推測できる。

column

へそくりを貯めて夫のために馬を買う

信長、秀吉、家康の3名に仕えた山内一豊には、千代という美しい妻がいた。秀吉に仕えはじめたころ、貧乏で馬を買えなかった一豊だが、千代が「夫の大事に使いなさい」と伯父からもらっていたお金と、地道に貯めたへそくりで名馬を買い、その名馬が信長の目にとまり出世をしたという逸話が残っている。

食品編

米（1石）

当時の価格：1429文（1567年時）
現在の価格：11万4000円程度

塩（1斗）

当時の価格：167文（1567年時）
現在の価格：1万3000円程度

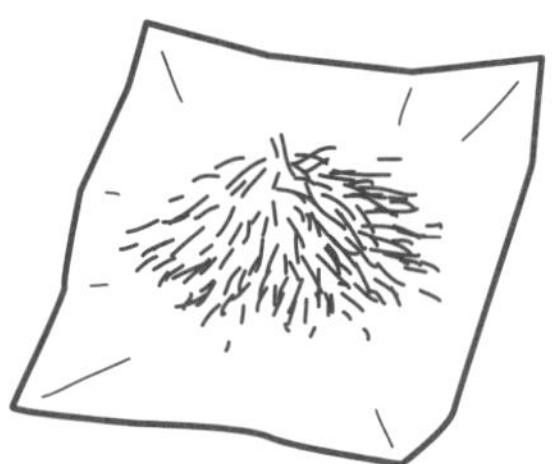

茶（1斤）

当時の価格：60文（1567年時）
現在の価格：5000円程度

大豆（1石）

当時の価格：1667文（1567年時）
現在の価格：13万3000円程度

※京での価格をもとにしています。

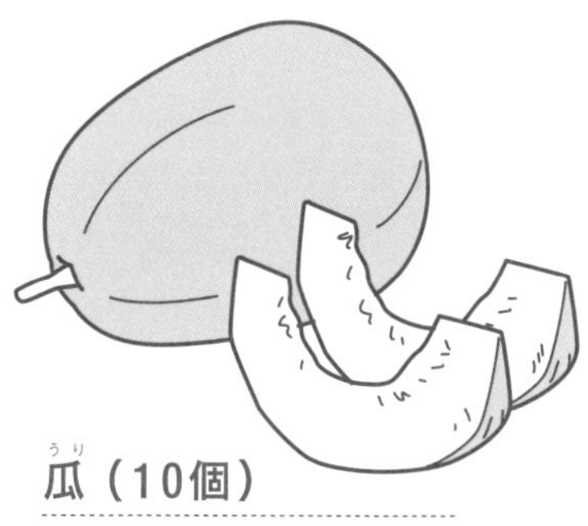

瓜（10個）

当時の価格：10文（1566年時）
現在の価格：800円程度

戦国FILE

信長が将軍家に贈った瓜

戦国時代の瓜は現在でいうメロンのようなものだったとされ、戦国時代を取り扱ったドラマなどの創作物では、信長が馬上で瓜を頬張っているシーンを見た方も多いだろう。一説によれば、織田信長が室町幕府第15代将軍の足利義昭へ瓜を献上したともいわれ、それは岐阜県本巣市の真桑地区で古くから採れる「真桑瓜」だったともされている。

豆腐（1丁）

当時の価格：3文（1582年時）
現在の価格：240円程度

なす（10個）

当時の価格：1文（1560年時）
現在の価格：80円程度

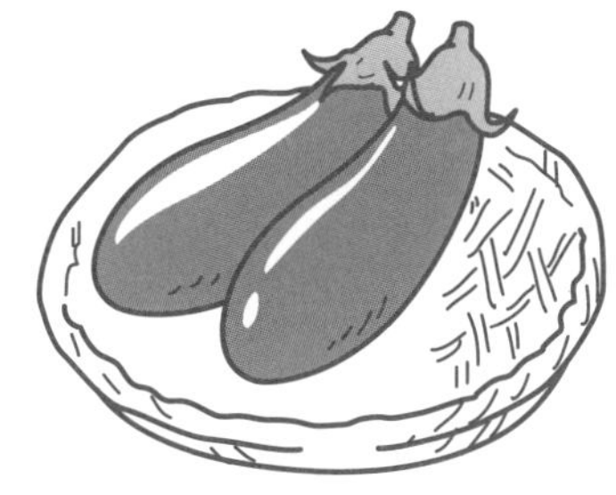

みかん（10個）

当時の価格：20文（1585年時）
現在の価格：1600円程度

日用品編

炭（1荷）

当時の価格：200文（1559年）
現在の価格：1万6000円程度

足袋（1足）

当時の価格：350文（1580年代）
現在の価格：2万8000円程度

杉原紙（すぎわらがみ）（1束）

当時の価格：270文（1564年）
現在の価格：2万円程度

戦国FILE

杉原紙とは？

杉原紙は中世の日本で多く生産・流通していた紙の一種。主に他者へ宛てた手紙や、贈答用にも用いられた。戦国時代には武家階級が扱っていたが、江戸時代に入ると庶民も使うようになった。

鎌（1丁）

当時の価格：25文（1580年代）
現在の価格：2000円程度

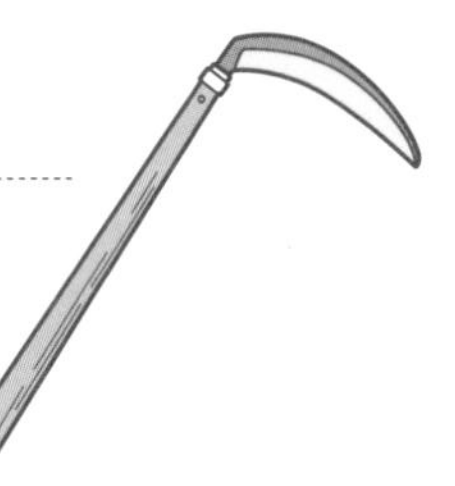

※京での価格をもとにしています。

ロウソク（1挺）

当時の価格：8～12文(1580年代)
現在の価格：640～1000円程度

木綿（1反）

当時の価格：872文(1582年)
現在の価格：7万円程度

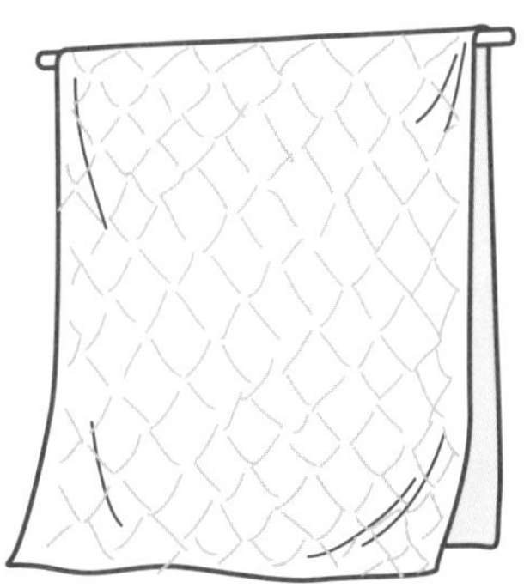

column

値段がそのまま名前になった九十九茄子（つくもなすび）

室町幕府第3代将軍の足利義満が所有していたとされる茶器で、「わび茶」を創始したという村田珠光（むらたしゅこう）が99貫で買い求めたことからこの名前になった。越前の武将、朝倉宗滴（あさくらそうてき）が500貫、さらには松永久秀（まつながひさひで）が1000貫で買い求め、その後は織田信長や豊臣秀吉、徳川家康と所有者が変わっていったという。

乱取り

拉致された人々

当時の価格：10〜20文
現在の価格：800〜1600円程度

左の価格は、永禄（えいろく）9年（1566年）に越後の上杉輝虎（てるとら）（謙信）が常陸の小田家に侵攻した際の記録。拉致された人々は「足弱（あしよわ）」と呼ばれる、女性や子ども、老人などで、売られた先では奴隷として働かされた。

人質の身代金

当時の価格：2〜10貫
現在の価格：16万〜80万円

武田晴信（はるのぶ）（信玄）が信濃の志賀城を攻めたときの記録から。武田軍は城下で乱取りを行い、男女を生け捕って甲斐へ連行。身請け（身代金）の支払いが親類からある場合は上記の金額で解放したという。

そのほかの価格

大将首

当時の価格：3000貫
現在の価格：2億4000万円

桶狭間の戦いで今川義元の首級をとった者に贈られた知行から算出。このほか城を１つ与えられたという記録も。

銭湯

当時の価格：1文
現在の価格：80円程度

今もなお残っている銭湯。現代と変わらず、戦国時代でもリーズナブルなお値段で入ることができたようだ。

芸人の地方巡業

当時の価格：30貫
現在の価格：240万円程度

公家の山科言継(やましなときつぐ)が遺した日記(『言継卿記』)より。織田信秀（信長の父）によって尾張へ招かれ蹴鞠(けまり)の技を伝授した際の謝礼。

城の建設費（安土城の例をもとに算出）

城（安土城）

人件費：300貫程度（1万人）
材木費：383貫程度
職人へのギャラ：3万6000貫
➡1人あたり1日2貫で1年間雇用した際の計算。
食費：1万8000貫
現在の価格：44億円程度（ほか、装飾代なども含む）

現存はしていないが、豪華絢爛な安土城は現在の価格にして44億円を費やして建設されたとみられる。また、北条氏が江戸城の普請を行った際の記録では、人件費が482貫（1人あたり1日100文として）、現在の価格にして4000万円前後だと予想される。

二章

領国経営の作法

戦をするためにも、家臣たちを食わせるためにも、領国の経営者である戦国大名には金がいる。だからといって農民たちに重税を課せば、反乱が起こりかねない。戦乱の世を生き抜くには、優れた経営センスが必要だったのだ。本章では、具体的な領国経営について紹介していく。

領国経営の作法 その1

敗戦国の女性や子どもは、1人あたり約16万円で売買された

該当する人々	大名	公家	商人	農民	その他

該当する時代	室町後期	戦国初期	戦国中期	戦国後期	江戸初期

領内で暮らす人々からの税が収入の大半を占めていた

戦乱の世において、戦に勝ち抜くためには武器が必要となる。そして、武器を用意するためには金を稼ぐことが必須であった。

戦国大名の収入源は、税、商売、貿易などである。領内に金山や銀山がある場合は、そこからも収入を得た。街道上に関所を作って、そこを通る人や馬、荷物から関銭（せきせん）という通行料を徴収することもあった。

また、戦国大名ならではの収入としては合戦が挙げられる。戦国大名が家臣への褒美として戦地で略奪を行わせることもあったのだ。このような略奪行為を乱取り（らんど）と呼ぶ。

その際、女性や子どもをさらって売り払うこともあり、人身売買の相場は1人あたり2貫（現代の金額で約16万円）。さらった人数が増えた場合は1人あたり25文（約2000円）と極端に値が下がることもあった。

略奪以外の収入だと、援軍を依頼してきた国からもらえるお金、負けた国から支払われるお金、戦場となった土地の人々が略奪行為を免れる代わりとして支払うお金があり、どれも礼銭（れいせん）と呼ばれていた。このような合戦での収入もあったが、収入の基盤となったのは、あくまでも先にも述べた税である。

時代劇などでよく聞く年貢も税の一種である。領内に住む農民は、1年ごとに収穫した作物の一部を税として大名に支払う。この義務が年貢で、大名の大きな税収源だった。

年貢のほかには、所得に応じて課された役銭（やくせん）に、裕福な人が払う有徳銭（うとくせん）、高利貸しが払う蔵役（くらやく）、市場での売上に課される市場銭（いちばせん）、軍事費として臨時で徴収した矢銭（やせん）などの税があった。

現代でも不動産やアルコール、自動車、レジャーなどさまざまなものに税がかけられるが、それは戦国時代でも同じだったのである。

大名の税収

領国を経営するために多様な税をとった

この時代、税というと年貢が思い浮かべられるがそれだけではない。大名はさまざまなものに税をかけていた。

年貢

農民から取るスタンダードな税が年貢。年に1回、収穫した米の一部を税として納めさせた。米だけでなく、穀物や野菜も税の対象となった。

関銭

領国を通過する者たちに対して課した税。あくまで徴税が目的であり、この時代の関所では身体検査や所持品検査などは行われていなかった。

市場銭

市場に出店して商売をしている者に課せられた税。自由な商売が阻害されるため、時代が下るとともに免除されるようになった。

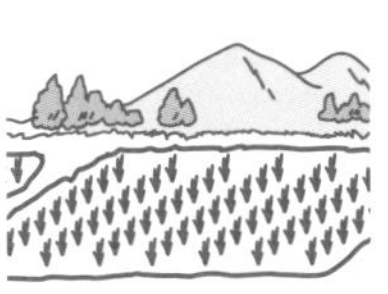

段銭（だんせん）

田んぼに課された税。

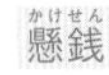

懸銭（かけせん）

畑に課された税。

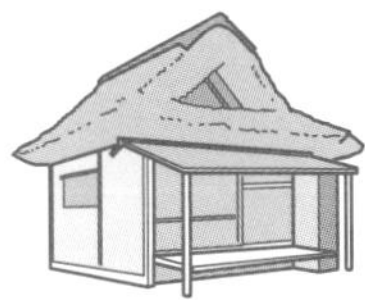

棟別銭（むねべちせん）

家に課された税。

領国の収入

税収だけに頼らずに大名は商売も行っていた

戦国大名は、農民たちから搾取するだけの存在ではない。自ら経営に乗り出すことで、収入を増やす国もあった。

貿易

港町を有した戦国大名は貿易で収入を得た。港町は、江戸湾、伊勢湾、瀬戸内海、博多などに数多くあり、国内外の船が行き交った。

鉱山経営

絶え間ない戦に勝ち続けるには、何よりも資金力が重要。金や銀が採掘できる山々を持っていれば、大きな収入となった。

貸し付け

農民たちには苗や種などの貸し付けをした。農具を揃えるために、金銭の貸し付けなども行われていたと考えられる。

戦の収入

戦に勝てば敗戦国からお金をとることができた

人手や武器、輸送費など、戦の出費は莫大な額にのぼる。それでも勝ちさえすれば、収支はプラスになった。

礼銭①

援軍を依頼してきた国からお礼としてもらえるお金。援軍の活躍の度合いによって、もらえる金額は変わった。

礼銭②

敗戦国から戦勝国へ支払われる賠償金を礼銭と呼んだ。お金だけではなく、土地ももらうことができた。

礼銭③

戦勝国による略奪行為をやめてもらう際に、町人たちが払ったお金。このお金を払うことで、敗戦国の人々の身の安全が保たれた。

略奪行為

主に下級武士が行った行為。民家に押し入って米などを奪って、それを売って収入にした。女性や子どもを外国に売り飛ばすこともあった。

領国経営の作法 その2

財政赤字の国は、商人や裕福な農民から借金をした

該当する人々	大名	公家	商人	農民	その他

該当する時代	室町後期	戦国初期	戦国中期	戦国後期	江戸初期

安定した領国経営の秘訣は健全な財政事情であること！

軍費、幕府や朝廷への献金、土木工事の費用など、領国経営に支出はつきもの。領民からいくら税をとり立てても、赤字に陥ってしまうことがある。

越後の戦国大名だった長尾為景（ながおためかげ）の収支を示した史料には、大赤字を出した記録が残っている。永禄（えいろく）2年（1559年）、長尾家の収入は年貢4770貫553文、礼銭（れいせん）686貫500文で、合計は5457貫53文。これに対して支出は、通常経費4549貫655文、臨時経費2687貫276文、支払う礼銭14貫351文で、合計は7251貫282文である。

つまり、支出のほうが1794貫229文も多い赤字なのだが、長尾家の財政状態が特に悪かったということではない。守護大名から領地を奪った長尾家のような戦国大名の場合、税金を徴収する制度がまだ未熟なことも多かった。そんな中、戦では多額のお金が経費として出ていくので、赤字になるのは仕方なかったのである。

足りない分は商人や裕福な農民からの借金でしのいだが、このような財政状態では有力な戦国大名にはなれない。のし上がるには財政状態を改善させる必要がある。領民の信頼を得るには、健全な財政が必要不可欠だからだ。

そのよい例が、相模の北条早雲である。早雲は自らの国を豊かにするために、領民の負担を減らすという政策をとった。それまでは、五公五民、つまり収穫の半分が税となっていたが、この税率を四公六民とした。５割負担のところを４割にしたのである。また、災害などで年貢を納められない領民に対しては、一時的に税を免除する徳政令（とくせいれい）を発布している。こうすることで民衆はバリバリ働き暮らしは豊かになり、結果的に国自体も豊かになったのだ。

ちなみに、早雲が行った税制改革はほかの大名たちもこぞってお手本にしたという。

領国経営

経済政策を行って経営を安定化！

戦国大名は支出も多く、財政がひっ迫することもあった。そこで税制改革に乗り出し、成功を収めた者もいた。

借金

財政赤字に陥った場合、不足分を補填する必要がある。そのような場合は、領国に住んでいる豪商や豪農から借金をした。

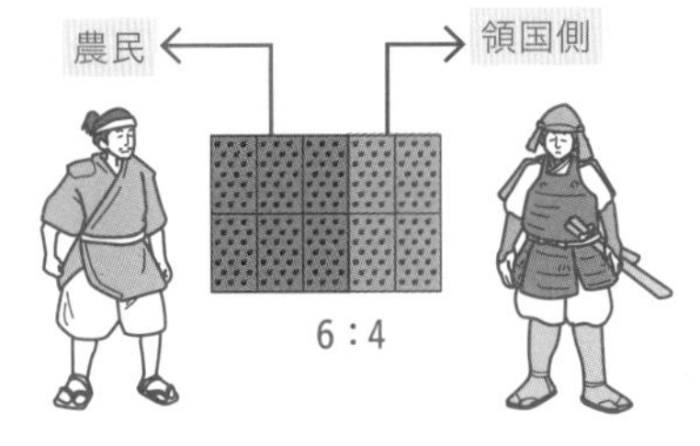

四公六民

年貢を必要以上にとり立てれば、農民が怒り出す可能性もある。それを防ぐために年貢は４割と決めることで農民からの信頼を得ることもあった。

徳政令

悪天候が続いて農民が年貢を納めることができない場合は、徳政令を出して年貢を納めなくてもよいとする太っ腹な政策を打ち出した。

戦国FILE

簡潔でわかりやすい！北条早雲の政策

シンプルな四公六民政策で、領民からの圧倒的な支持を得た北条早雲。家臣に対しても「早寝早起きをしなさい」「嘘をついてはいけません」など、誰にでも理解しやすい訓示を与えていた。

領国経営の作法 その3

京を手本にした町作りで山口は日本で二番目に栄えた

該当する人々	大名	公家	商人	農民	**その他**

該当する時代	**室町後期**	**戦国初期**	戦国中期	戦国後期	江戸初期

「西の京」とまで呼ばれて国際都市として発展した山口

戦国時代は首都である京の都の人口が最も多く、15世紀末の時点で15万～18万人だったものが、1600年頃には30万人にまで及んだと考えられている。なお、当時のヨーロッパで人口が多かった都市としてはナポリ28万人、パリ22万人、ロンドン20万人、ベネチア14万人というデータもあるが、当時の京はこれに匹敵する世界有数の大都市だったといえる。

日本の総人口が1000万人を超えたのは、早くても15世紀以降と考えられているが、総人口を1000万人と仮定してみて30万人という数字の大きさがわかるのではないか。

京以外で人口が多かった都市は、意外なところで山口である。1550年頃に山口を訪れたキリスト教宣教師のフランシスコ＝ザビエルは、山口にあった家の戸数を1万戸以上と記述（ザビエルと共に訪日したトーレスは2万戸と記述)。総人口はおよそ6万人と推定した。また、1600年頃の人口は約8万人ともいわれている。世界全体の人口で見てもフィレンツェが7万人、アムステルダムが6.5万人、ウィーンが5万人。それよりも山口は栄えていたのである。

京に次ぐ繁栄を見せた山口は長門・周防の守護大名である大内氏のお膝元だった。大内氏の基礎を築いたのは大内弘世（おおうちひろよ）で、1360年頃に本拠地を山口に移し、京を手本にして町作りを進めたという。やがて国内からは京の公家や文化人、海外からは明や朝鮮などと商人に加え、ザビエルら宣教師が訪れるようになり、「西の京」といわれるほどの発展を見せた。山口は九州と京を結ぶ交通の要衝だったのだ。ちなみに、安土桃山時代に大繁栄を極めた博多も大都市ではあったものの、1579年頃の人口は3万5000人程度であり、山口には遠く及ばなかった。

人口分布

戦ばかりの時代だが人口は爆発的に増えていた

数々の戦によって死んでいく者が多かった一方で、経済が飛躍的に発展すると共に、人口は増大していた。

京

応仁・文明の乱の頃は4万人しかいなかった京の都。戦国時代に入ってから人口が増え、最盛期は30万人にまで膨れ上がった。

山口

京の都と九州を結ぶ中継地点の山口は、戦国時代第2位の人口となった。1550年は6万人、50年後の1600年には8万人と増大した。

堺

南蛮貿易を行った港町として栄えた堺。天文(てんぶん)元年(1532年)の記録によると推定戸数で6000戸あった。その後も拡大を続けた。

宇治山田

有力な寺院や神社の周辺は門前町と呼ばれ、多くの人が住んでいた。伊勢神宮のある門前町・宇治山田の人口は3万人とされる。

領国経営の作法 その4

財政難に苦しんだ幕府は酒屋と金貸しから税をとった

該当する人々 ▷	大名	公家	商人	農民	**その他**

該当する時代 ▷	**室町後期**	**戦国初期**	戦国中期	戦国後期	江戸初期

直轄領の税収が少ないので別口からの税に頼った

56ページでは戦国大名の収入源について説明したが、金を稼がなければならなかったのは室町幕府も同じであった。幕府の収入源には御料所と呼ばれる直轄領から得られる税収があったが、直轄領は鎌倉幕府と比べると、とても数が少なく、税収も乏しかった。

その理由は、南北朝時代にまでさかのぼる。室町幕府は北朝側についていたが、揉め事が起こるたびに離反した者が対抗勢力の南朝側についてしまう事態が勃発。そのため室町幕府は直轄領である領地を家臣に与えることで、政権の基盤を固めざるをえなかったのだ。

足りない財源を賄うべく、幕府は道路や港湾での通行税・入港税など、さまざまな形で税を課したのだが、政権を維持していくには程遠い額だった。

そこで編み出されたのが、酒屋役と土倉役という２つの税。酒屋役は造り酒屋に課した税で、土倉役は土倉と呼ばれた貸金業者に課した税であった。

当時の造り酒屋は小売業も兼ねていたが、酒造りのための設備を持つには充分な資金が必要で、裕福な者にしかできない商売だった。金を持っているところから税を搾りとろうと室町幕府は考えたのだ。

また、金融業である土倉も当然ながら金を持っていたので、課税の対象となった。だが、当時の土倉は利息が高かったために庶民からの恨みを買っており、たびたび襲撃の対象となる。こうした際に幕府は借金を返済しなくてよいとする徳政令を出して庶民を救済した。結果、土倉の経営は傾いて税収は減り幕府の財政は悪化する一途であった。

戦国時代での幕府は大名たちを統制する力もなく、金銭面でも苦しい状況に陥り、まさに踏んだり蹴ったりだったのである。

酒屋と土倉

儲かっているところから税を絞りとる！

時代が下るにつれて権威が失墜していった室町幕府は、酒屋や金貸しから税をとることで、財政の立て直しをはかった。

鎌倉幕府

源頼朝が創始した武家政権。武蔵国、相模国、伊豆国といった関東一円に領地を持ち、税収は安定していた。また、平家から没収した土地も直轄領にしていた。

室町幕府

鎌倉幕府のような中央集権型の政治ではなく、地方分権型の政治をした室町幕府。地方に権限を与えていた分、直轄領は少なく、政治基盤も不安定だった。

酒屋と土倉

直轄領の乏しさゆえに、税収の少ない室町幕府は酒造りをしている酒屋と、土倉と呼ばれる貸金業を営む者たちから税を集めた。

一揆

金利の高い土倉は、たびたび債務者である農民たちから一揆を起こされた。彼らからの税収に頼っていた室町幕府は、ますます揺らぐことになった。

領国経営
の作法
その5

和歌の添削や古典の書き写しで公家は食いつないだ

該当する人々	大名	公家	商人	農民	その他

該当する時代	室町後期	戦国初期	戦国中期	戦国後期	江戸初期

その日の生活にも困ってしまい都を離れる公家もいた

朝廷に仕えていた公家は優雅なイメージだが、懐事情のほうはとても優雅といえるようなものではなかった。

公家は、所有する荘園(貴族などの私有地)から収入を得ていた。しかし、荘園を警護するために雇われた武士が力を持つようになってくると、勝手に荘園を自分のものにしたり、荘園から得られる税を横取りしたりする者も現れる。これらは「押領(おうりょう)」と呼ばれた。

公家の苦しい経済基盤をさらに崩壊させたのが、応仁(おうにん)元年(1467年)に起きた応仁・文明の乱である。京にあった邸宅の多くが焼け落ち、公家たちは宇治や奈良などに避難した。戦乱が小康状態となって京に戻っても、他人の家や寺に居候したり、狭い小屋を買ったりして住むしかなかったのである。

応仁・文明の乱は荘園からの収入にも影響を与えた。軍兵のための兵糧米を確保するため、年貢の半分を武士が持っていくという「半済(はんぜい)」が行われ、公家の収入は半減。また、戦乱による治安悪化で流通が機能せず年貢を受け取れないという事態も起きた。こうして公家の収入は激減し、その日の生活に困るような者もいた。朝廷への出仕は装束などで金がかかったが、用意することができなくなって官職を辞める者まで現れた。

こうした中、一部の公家の中には地方に活路を見出す者もいた。所有する荘園に住んで直接経営することで年貢を確保したのだ。貴族として生きるのではなく、地主として領民と暮らす道を選んだということである。また、領民手助けをして収入を得る者もいた。

さらに、教養のある公家は和歌や古典を書き写したり、贈り物用の色紙や短冊に書画を描いたり、和歌の添削をしたりして日銭を稼いだ。雅で優雅な姿はどこにもなく、生きるために精一杯だったのだ。

公家の財政

逃げる、媚びる、貧しい公家の生き様

応仁・文明の乱で焼け野原となった京の都。公家たちの生活は貧しくなり、日々を生きるために精一杯だった。

押領

武士による実力行使により、所領や年貢を奪われる。これにより武士はますます力をつけ、押領された側の公家は貧しくなっていった。

居候

家を焼かれ、土地を奪われた公家は居候の身となる者もいた。寺の一部を間借りしたり、知り合いの家を転々としたりした。

地方の荘園経営

京に住むことをあきらめて、地方の荘園経営に乗り出す者もいた。地方とはいえ乱世の時代だけに、押領されるリスクがあった。

アルバイト

和歌や古典などに造詣が深かった公家の中には、和歌の添削や古典の書き写しなど、教養の高さを活かした商売を始める者もいた。

領国経営の作法 その6

銀山を所有していながら活用できなかった大名がいた

該当する人々	大名	公家	商人	農民	その他

該当する時代	室町後期	戦国初期	戦国中期	戦国後期	江戸初期

世界経済に影響を与えるほどの銀山を保有していたのに……

戦国大名にとって、領地内にどれだけ資源を有しているかは存亡に関わる一大事である。だが、恵まれた資源があっても有効に活用できなければ、宝の持ち腐れとなってしまう。実際、毛利元就がそうだった。

安芸（現在の広島県）郡山の城主からはじまり、一代で山陰・山陽の10カ国を領有するまでに駆け上がった元就。戦国時代を代表する大名の1人だが、領地の資源を充分に活用していたとはいえない。

元就の領内には石見銀山（いわみぎんざん）があった。日本の銀は明、ポルトガル、オランダなどとの貿易を通じて世界中で流通し、世界経済にも大きな影響を与えるほどだった。その銀のかなりの部分を産出していたのが石見銀山だったのだ。

だが、元就は世界有数の銀山である石見銀山を活用できなかった。永禄（えいろく）5年（1562年）2月に石見銀山を手に入れておきながら、翌年の12月には朝廷と幕府に銀山を献上している。また、元就は佐東銀山も持っていたが、これも朝廷と幕府に差し出した。

銀山を独占すれば周囲から狙われる。だが、朝廷と幕府に差し出してしまえば収益といううまみは得られないが、外敵から狙われる確率は低くなる。つまり、保身のために経済はあきらめたのだ。

ちなみに元就は銀山だけでなく、瀬戸内海という流通ネットワークも活用できなかった。当時、大陸や九州からの品物は瀬戸内海を通って近畿や東日本に運ばれていた。この流通を完全に押さえれば近畿以東の大名たちの力を削ぐことができたはずだが、瀬戸内海で力を持っていたのは、村上水軍をはじめとした海賊だった。元就は海賊たちを支配下に置くことができなかったのだ。銀山も海運も元就が手にしていれば、日本の歴史はまた違っていたかもしれない。

地方経済

豊富な資源があるのに無駄にしていた毛利家

豊富な資源を有する中国地方。毛利元就はこの地の覇者となるものの、資源の活用はかなわなかった。

田畑

四方八方、山々に囲まれた中国地方は、農地にできる土地が少なかった。

銀山

銀が豊富にとれた石見銀山を手に入れた毛利元就。軍事費の一部を賄ったとされるが、幕府や朝廷に貢納した記録が残っている。

村上水軍

博多と大坂をつなぐ瀬戸内海。毛利元就ではなく、村上水軍が牛耳っていた。

広大な中国地方を制した毛利元就だが、天下を取ることは望んでいなかった。そのためか、経済政策は保守的であり、斬新な政策などを生み出すことはなかった。

領国経営の作法その7

約5億円の賄賂をばら撒いた伊達政宗のご先祖様

該当する人々	大名	公家	商人	農民	その他

該当する時代	室町後期	戦国初期	戦国中期	戦国後期	江戸初期

大量の太刀、馬、砂金、銭を幕府の有力者たちに贈った

応仁・文明の乱によって室町幕府の力は衰えていたが、戦国大名や地方の領主の中には、それでも幕府と友好関係を結ぼうとする者たちは少なくなかった。力が衰えていたとはいえ幕府にすり寄れば、威光にあやかることができたのだ。

その極端な例が、豊富な財力を活かして幕府に大量の金銭をばら撒いた奥州の伊達成宗(だてなりむね)である。文明(ぶんめい)15年(1483年)に上洛した成宗は、10月から11月半ば頃まで京に滞在。その間、幕府や寺社の関係者たちに金銭や豪華な品々を贈りまくったのである。

残された記録によると、元将軍の足利義政と第9代将軍の足利義尚には太刀、砂金、馬。義政の妻であり、幕府における実力者だった日野富子には100貫文分の銭。そのほかの幕府の重要人物たちにも多くの贈り物をしており、合計すると太刀29振、馬95頭、砂金7125グラム、銭600貫文。その総額を現在の金額に換算すると、約5億円にもなるのではないかと推測する研究者もいる。成宗以外にも室町幕府の有力者たちに贈り物をする者はいたが、成宗の贈り物の金額はケタ違いだった。

また、成宗のような地方から京へ上ってくる大名にとっては、家来を含む旅費や滞在費といった経費も馬鹿にならない。それでも成宗が多額の費用を捻出できたのは、金山を保有していて充分な収入があったからだといわれている。

成宗の2代あとの稙宗(たねむね)の時代に、伊達家は陸奥国の守護に任官。成宗のばら撒きがようやく実ったのだ。ちなみに、稙宗は東北の覇者・伊達政宗の曽祖父にあたる人物である。もし、天文(てんぶん)11年(1542年)から起きた稙宗とその子晴宗(はるむね)の争いである天文の乱がなければ、東北の歴史は今より違ったものになっていたかもしれない。

賄賂

立身出世の秘訣はばら撒きにアリ!?

金目のものをもらって喜ばない者などいない。豊富な資金力があった伊達成宗は、京の重鎮たちに賄賂をばら撒いた。

太刀

29振もの太刀を京の重鎮たちに配った成宗。この時代の賄賂は決して悪いことでなく、財を有する者の美徳とされた。

馬

戦場で欠かすことのできない馬を95頭も献上。奥州は名馬の産地として知られていただけに、大層喜ばれたに違いない。

銭

刀や馬、砂金などの貢ぎ物だけでなく、現金も配ることを怠らなかった。

砂金

中尊寺金色堂など、平泉黄金文化で知られる奥州。成宗の時代でも多くの砂金がとれ、7125グラムを賄賂として贈った。

戦国FILE

中央に実力を見せつけた12代当主・伊達成宗

上洛し、京の重鎮たちに多くの貢ぎ物をした伊達成宗。圧倒的な経済力の背景には、金山や馬を持っていただけでなく、蝦夷地など北の人々との交易で儲けていたといわれる。

領国経営の作法 その8

生活困窮から抜け出すべく、工芸品を発明した武士がいた

該当する人々	大名	公家	商人	農民	その他

該当する時代	室町後期	戦国初期	戦国中期	戦国後期	江戸初期

工芸品を作って行商をしてついでに情報収集もした？

戦国大名の収入源としては56ページで紹介した通り、税、商売、貿易、戦での略奪、礼銭などがあるが、それらがなくなってしまった場合はどうしたのだろうか？　現代の社会人であれば、本業の収入がなくなってしまった場合にアルバイト（内職）をすることだろう。実は戦国大名の中にも、アルバイト（内職）に手を出した者もいたのだ。

現在も売られている真田紐（さなだひも）という工芸品がある。細い縦糸と太い横糸で織った平たい紐で、世界で最も幅が狭い織物ともいわれている。伸びにくく結び直しやすいという特徴があり、木箱の箱紐などとして使われているものだ。

この真田紐は、真田信繁（幸村）とその父・昌幸が考案したといわれていて、関ケ原の合戦後、和歌山県の九度山に幽閉された際に親子で作り上げたという伝説が残っている。また、信繁たちは「真田が作った強い紐」という謳い文句と共に真田紐を家臣に売り歩かせることで、情報の収集を行わせたとも伝えられている。これが事実であるならば、どんな境遇であっても再起のための準備を怠らなかったと解釈できるので、戦国大名ならではの美談とも思える。

だが、一説には、経済的に困窮した真田親子が生活のために仕方なく真田紐を考案したといわれている。戦国大名という身分でありながら、親子揃って織物をしなければならないほど切羽詰まっていたのだ。そんな状況を打破するために取った方策が、織物というアルバイト（内職）なのである。

ちなみに、アルバイト（内職）に手を出した大名は真田親子だけではない。四国の覇者・長宗我部元親の4男である盛親は、寺子屋の先生をしていたという話がある。大名が子どもたちに読み書きを教えていたのだ。

内職

財政難の武家が特産品を作ってV字回復!?

戦に負ければ没落は免れない弱肉強食の世界の生きる武士。だが、転んでもただでは起きない者もいた。

真田紐

糸を織機で織った丈夫な紐。茶道具を入れた桐箱や、刀の下げ緒などに使用。真田昌幸・信繁（幸村）の親子が考案したとされる。

財政再建

幽閉されていた真田親子は経済事情も厳しかったため、真田紐を売り出すことで財政の安定化をはかったという。

販売は家来の仕事

製造は真田親子で、販売は家臣の仕事だった。家来は真田紐を持って売り歩きながら、情報収集にも当たった。

牢人（ろうにん）

戦に負けた武士は収入を失った。そのような者たちを牢人と呼び、彼らはアルバイトで生計を立てていた。

領国経営の作法 その9

禁止されながらも、陰で行われていた家臣間での土地売買

該当する人々	大名	公家	商人	農民	その他

該当する時代	室町後期	戦国初期	戦国中期	戦国後期	江戸初期

禁じられてもバレないようにこっそりと所領を売買した

戦国大名は家臣に褒美として所領、つまり土地を与えていたが、家臣同士で売買することがあり、これが大名たちにとっては悩みの種だった。

別の大名の家臣に所領を売るというわけでもなく、同じ大名についている家臣同士で売買するのなら特に問題はないのではないか？　そう考える人もいるかもしれないが、軍役(ぐんやく)の問題が絡んでくるのである。

軍役とは、主君が武士に課す軍事上の負担のことである。軍役は所領の石高によって異なり、石高が多い者ほど軍役の負担も大きかった。

たとえば、戦のために家臣は１石につき馬１騎、鉄砲２丁、弓１張というように、決められた数を用意することが義務づけられていたとする。もし家臣Ａが家臣Ｂにすべての所領を売った場合、家臣Ａの軍役負担はなくなるかもしれないが、家臣Ｂの軍役負担が増えることとなる。また、売買のたびに帳簿を修正するとなると、大名の事務作業が煩雑になる。さらに、戦略上において重要な軍団の編成が思い通りに行えなくなるというデメリットもある。

こうした事態を避けるため、大名たちは家臣の所領売買に制限を設けていた。そのルールは大名によってさまざまだが、阿波の三好氏のように所領の質入れすら禁じる大名もいれば、反対に土佐の長宗我部氏のように売買をまったく禁じていない戦国大名もいた。所領の売買を認めていることを利用して、当主が家臣に領地を売りつけることもあったという。だが、所領売買を無制限では認めていなかった大名が大半だった。それでも、大名にバレないように少しずつ所領を売買した家臣は存在したとみられている。主君の掟を破ってでも所領を売買したということは、家臣にとっては魅力を感じるものだったということだろう。

所領の売買

領主が与えた土地を勝手に売買する家臣たち

戦国大名からの褒美として与えられる土地。勝手に売買することは許されないが、戦国時代では横行していた。

土地によって異なる軍役

戦の際、所領の広さに応じて集める兵が決まっていた家臣の軍役。それゆえ、領主の知らないところで売買が行われると、戦略上の編成に問題が生じてしまう。

売買の禁止

阿波の三好氏は、所領の売買を全面禁止。生活が窮乏する武士にとっては、売買の禁止は手痛いものとなった。

悩みの種

家臣同士による所領の売買は、多くの国で行われていた。売買を禁じる大名のほうが少なかった。

少しずつ売買

禁止されても所領の売買は密かに行われた。お金が必要となれば、大名が作ったルールでも破らざるを得なかった。

領国経営の作法 その10

楽市楽座の経済政策は織田信長の発案ではなかった

該当する人々	大名	公家	商人	農民	その他

該当する時代	室町後期	戦国初期	戦国中期	戦国後期	江戸初期

市場の規制緩和は信長だけの政策ではない

信長とセットで語られることが多い楽市楽座だが、実は信長以外の大名も楽市楽座を行っている。はじめて楽市楽座を実行したのは信長ではなかった。

最初に楽市楽座をはじめた大名が誰かはわかっていないが、記録として残っているもので一番古いのは近江の六角定頼である。定頼は観音寺城の城主だったが、天文(てんぶん)18年（1549年）に観音寺城下で楽市楽座を行った。

そのほか、楽市楽座、楽市、楽座を行った記録が残っているのは、今川氏真、北条氏政などがいる。

つまり、楽市楽座は信長の発明でも、専売特許でもなかったのだ。それでも信長と結びつけて語られることが多いのは、信長の楽市楽座の規模が大きく、日本全体にまで幅広く影響を与えたからである。

既存の市や座よりも安い価格で品物が流通するようになった楽市楽座。京都では商人の反発が強かったためできなかったが、加納、安土、金森などで楽市楽座を行われた。結果、京も含めて各地の市場や流通に改革をもたらした。

とはいえ、市場における規制緩和、課税免除が行われたことで、京を中心に栄えた商人たちの組合である座は解散に追い込まれた。逆に城下町は繁栄を極め、戦国大名お抱えの御用商人たちが大腕を振るうようになった。彼らは新たな市場支配権を得たことで、商才のある者はますます富を増やし、豪商と呼ばれるまでになったのだ。

ただ、楽市楽座は戦国大名たちにとっても大きなメリットがあった。市場が活性化すれば物資の流通が盛んになるだけでなく、多くの人が領国内に流入する。すなわちそれは、近隣諸国の人口が減るということであり、弱体化をはかれるということでもあったのだ。こうして商人と戦国大名は、より関係性を強固なものにしていった。

楽市楽座

商売の自由を認めることで経済が急成長

権力者の認可がなければ商売ができなかった座。戦国大名が台頭すると、座を廃止する動きが出てきた。

楽市楽座

商売を独占的に行っていた座に対し、規制を緩和して自由な状態となったのが楽市楽座。領内には多くの商人たちが集まった。

新たな支配権を持つ商人

規制は緩和されたものの、大名と密接な関係にあった御用商人が支配権を強めた。

楽市楽座は織田信長が有名だが、今川氏、六角氏、北条氏が楽市令を出していた。

領国経営の作法 その11

築城する際、農民たちはタダ働きをさせられていた

該当する人々	大名	公家	商人	農民	**その他**

該当する時代	**室町後期**	**戦国初期**	**戦国中期**	**戦国後期**	江戸初期

城づくりの作業員たちは無償かつ道具持参で働いた

土地開発は大名にとって経済的な利益につながるものだった。たとえば、未開拓地や荒れ地を田畑にすれば、そこで働く農民から税を徴収することができる。城下町を作ればそこに人が住んで商売も行われて、税も納められ、国は繁栄していく。地作りや城下町作りは大名だけでなく、開発する者たちにとっても大きなメリットがあった。

北条氏照は天正(てんしょう)10年（1582年）に、自分の領内である武蔵国立川（現在の東京都立川市）に宮谷衆を移住させた。宮谷衆とはかつての武田氏の家臣である。当時、すでに武田氏は織田信長との戦に敗れて滅んでいたが、氏照は宮谷衆に対して荒れ地の開発を命じ、そこを自分の土地にすることを許したのである。また宿場を作れば、そこでの税は免除することも約束するほど、宮谷衆を手厚く庇護した。そうしたことで、多くの人が喜んで移住し、宮谷衆の土地開発は進んでいった。

ちなみに、大名にとっての土地開発で最も重要だったのは城作りである。日本には約3万〜4万もの城館跡があり、それらは14世紀前半から17世紀前半に作られている。つまり、戦国時代には大量の城が作られたのである。

城作りには金がかかったが、規模によってその築城や維持のための経費には差が出た。また、一から新たに城を建設するのではなく、使われなくなった廃城を整備して再利用するケースもあった。再利用であれば、費用を抑えられたのだ。

現代の建設と違って、城作りにおける人件費は安かった。築城の作業員である普請(ふしん)役は家臣や農民が務めたが、基本的に無償奉仕だった。普請役が使用する道具も、各自が持参することになっていた。城下町作りでも建物の建設は、その建物に住む者が担当して費用も負担したのだ。

城作り

土地開発には城作りが欠かせなかった

城は領国の防衛施設だが、経済の中心地という側面を持っていた。城を建てれば多くの人が行き交ったのだ。

普請

城を建てるだけでなく、修繕や模様替えも普請といった。地域住民にとって、普請に参加することはごく当たり前であった。

道具は各自が持参

鍬などの普請に必要な道具は、各自で持参するのが決まりであった。数日間〜数十日間ほど、普請に協力していた。

基本は無報酬

農民は耕作の権利を与えられている見返りとして、無報酬で普請の義務を負った。賃金が出ることもあったが、基本は無報酬だった。

城下町は住む者が金銭を負担

多くの人手が必要となる城や城下町の建設。地域住民は積極的に普請を手伝うのはもちろんのこと、自分の住む家の費用も負担した。

領国経営の作法その12

国内の経済を回すために家臣は城下町に強制的に住まわされた

該当する人々	大名	公家	商人	農民	その他

該当する時代	室町後期	戦国初期	戦国中期	戦国後期	江戸初期

必要な貨幣を手に入れるため城下町の経済を活性化させた

城下町はさまざまな人たちが住む場所であったが、どこに街路を通すかなどを決める「町割り」と呼ばれる区画整理は大名が行った。つまり、町作りは大名が主導したのだ。

戦国大名にとって城下町が大きなものとなれば、それが自分の国にとっての活力につながる。そのため、80ページで紹介したように免税などの魅力的な条件を作って、新たな住民の誘致を行う大名もいた。大名同士が激しく争った戦国時代においては、誘致合戦も盛んだったようだ。

城下町が栄えて経済が活発になれば、貨幣が自国に流入する。鎌倉時代後期から日本でも貨幣の流通が盛んになっていたが、流通していたのは中国で鋳造された永楽通宝などの中国の貨幣だった。日本国内で貨幣を鋳造することはなく、輸入した中国の銭を使用したのだ。永楽通宝は明が鋳造したものだが、明より古い王朝である宋の貨幣の宋銭も日本で広く流通した。

大名たちは武器や兵糧の購入などで銭を必要としたが、貨幣を発行できないので、貫高制（かんだかせい）（土地の収穫高を「貫」という通貨で表した制度のこと）によって税を銭貨という形で納めさせることもあった。これを「銭納（せんのう）」といい、農民たちは農作物などを売って銭を手に入れた。

銭納以外に銭を集める手段として自国内で貨幣が流通するしくみを作ることだった。そのためには商売が盛んに行われる城下町を作り上げるしかなかったのだ。

また、大名の家臣たちが城下町に集まって住むというのも経済の発展にとって重要なポイントだった。家臣はそのまま消費者となるので、彼らが品物を買い求めることで城下町での物流が発展して、町が大きくなることにつながるのだった。

町作り

商業・経済の発展には町作りが最も大切

武士だけでなく、商人や職人たちの屋敷が立ち並んだ城下町。町作りは大名の主導で行われていた。

町割り

街路や水路の場所だけでなく、町人や商人、武士たちが住む屋敷の区画整理も行った。その際、領主である大名が取り仕切った。

関所の廃止

城下町に人を多く流入させるため、近隣の関所を廃止した。短期的には税収は減ったものの、経済の流動化は促進されることとなった。

家臣の屋敷を建てた

城下町に家臣の屋敷を建てることで、内需の拡大をはかった。また、城の近くに家臣が住むことにより、城の防衛にも一役買った。

領国経営の作法 その13

お金が欲しいあまり、罪のない者に罰金刑を課した大名がいた

該当する人々	大名	公家	商人	農民	その他

該当する時代	室町後期	戦国初期	戦国中期	戦国後期	江戸初期

税収不足を解消するために領民から罰金を取り立てた

中世・近世の日本において、過失や怠慢などの比較的軽い罪を犯した者に対する罰として払わせる金銭を過料銭（かりょうせん）と呼んだ。つまり、罰金である。たとえば、江戸時代の賭博に対する主な刑罰は、過料銭だった。

刑罰であるから何も罪を犯していない人は過料銭を払う必要はない。ところが、すべての領民から税金のように過料銭を取り立てた戦国大名がいた。甲斐（今の山梨県）の武田信玄である。信玄はもともと税収不足に悩んでいて、増税を行い、前倒しで税を徴収したことすらあった。それでも税収不足が解消されなかったため、信玄が行った解決策が、領民全員からの過料銭の徴収だった。

それまでの信玄の治政下での過料銭は、町人や農民のケンカなどに対して支払わせるものだった。ところが、信玄は罪を犯していない人たちにも過料銭を課した。信濃に侵攻するための費用を用意するために、天文年中に3回にわたって過料銭を徴収したという。こうした重い負担に耐えかねて逃げ出す者も多数いた。

信玄がここまで重い税を課したのは、甲斐が豊穣な土地でなく、大雨や大嵐などの災害などに苦しんでいたという背景がある。そんな中で戦のための費用を捻出しなければならなかったので、重税を民衆に課したのだ。

関所で徴収する通行税の関銭（せきせん）にも信玄は頼っていた。織田信長は関所や関銭が流通の邪魔になると考えて、多くの関所を廃止し、関銭も無税とした。信長はこうして商業を急成長させたが、信玄は目先の税をとったのである。

こうした重税の傾向は、信玄の代からはじまったことではない。信玄の父・信虎も大増税を行っている。信虎を追放した信玄だったが、税政に関しては信虎と同じ道を歩んでしまったのだ。

甲斐の重税

領民から絞れるだけ絞りとる！

名将と讃えられた武田信玄だが、領民に対して重い税を課すなど、経営者としては血も涙もない冷血漢だった。

棟別銭

家屋の棟単位に課せられた租税。武田信玄が治める甲斐では、隣国の北条氏が治めていた伊豆よりも4倍以上も高かった。

過料銭

本来、過料銭は罪を犯した者に対する罰金だが、武田信玄は罪のない人にも課した。領内の人々は大いに困惑したという。

関銭

関所を通過する際に払う税。この時代、関銭の撤廃の流れがあったにもかかわらず、武田信玄は逆行した政策をとっていた。

磔刑（たっけい）

税を納めない者に対して、磔（はりつけ）にすることもあった。領民は重税で苦しむだけでなく、恐怖に怯えなければならなかった。

戦で必要となる臨時の税があった

全国的に同じような租税が徴収されていた戦国時代。当時、どんな租税があったのか詳しく紹介していく。

矢銭

戦が起こるときに臨時に徴収される税。農村では田畑の広さに応じて、町では家の大きさなどに応じて納める税が異なった。

有徳銭

富裕層を中心に徴収された臨時課税。税は一律ではなく、富裕層の中でも上中下と3つのランク分けがされている場合もあった。

地子銭

町人に対して課せられた税。家の間口の長さに応じて、納める税が異なった。町を栄えさせるため、免除や軽減がたびたび行われた。

column

関所の歴史は古く飛鳥時代からあった

大化（たいか）2年(646年)には存在していた関所。畿内周辺に置かれており、この頃は関銭という制度はなかった。あくまで防衛システムとして、通行人の検査をしていたようである。

課税②

築城や治水など、戦以外にも金が要る！

税で賄わなければならないのは戦だけではない。一国を経営するために必要な税の種類はまだまだあった。

私段銭（しだんせん）

農民に課せられた臨時の税。段とは農地の広さを表す単位のことで、段が大きい者ほど多くの税を払わなければならなかった。

公事（くじ）

農民が特産品や雑穀を作っていた場合、年貢とは別に税を払う必要があった。また、人夫としての労働も公事といった。

陣夫役

戦国時代の農民は、合戦時に兵士として参加させられた。また、兵士としてではなく、食料や荷物を運ぶ役目をこなす者もいた。

伝馬役

この時代、宿駅と呼ばれる馬を乗り継ぐ駅が至るところに設置してあった。その宿駅で伝馬役として働くことは、税の一種だった。

領国経営の作法その14

連帯責任！　逃げ出した村人の税金は残った村人が肩代わり

該当する人々	大名	公家	商人	**農民**	その他

該当する時代	**室町後期**	**戦国初期**	**戦国中期**	戦国後期	江戸初期

重税に耐えられず逃げ出しても追いかけてきて税をとり立てた

前項目で紹介したとおり、武田信玄は重税を自国の民に課していた。農地を水害から守る堤防の信玄堤（しんげんづつみ）などを作ったことで知られるため、民衆に優しい統治を行ったというイメージを持たれることが多いが、実際はとても厳しい領主だった。

その一例が、棟別銭（むねべちせん）と呼ばれる税である。この税は、家屋の棟単位で課されるもので、領内全土で導入したのは、信玄の父である信虎だった。

税を徴収する側である戦国大名にとって棟別銭のメリットは、毎年決まった税を得られるというところにあった。農作物の収穫量の何割かを税として納めさせる形だと、不作や凶作の年には税収が下がってしまう。特に土地がやせていた甲斐地方では、農地を基本にした税では安定した税収が得られなかった。こうした問題を一発で解決してくれるのが、家屋や家族に課税する棟別銭だった。棟別銭なら不作・凶作の年でも関係なく同じ税を徴収できる。大名である武田氏にとってはありがたい話だが、不況不作の年であっても一定の税を納めなければならない農民にとっては、とても厳しい税だったといえる。

また、棟別銭は村ごとに割り振られ、村の中で払えない者がいた場合には、村全体でその不足分をカバーするように命じられた。家に住んでいた者が死亡したり、逃亡したりして、その家に誰もいなくなっても棟別銭からは逃れられなかった。さらに、空き家の棟別銭も村で負担しなければならなかったのだ。

信玄が国を統治するために制定した法度には、「棟別銭を払わずほかの村へ逃げた者がいた場合は追いかけて徴収せよ」と書かれている。別の村に逃げたとしても、税のとり立てからは逃げられなかったのだ。

とり立て

税を支払わない者はどこまでも追う！

脱税が罪なのは戦国時代も現代も変わらない。税を払わない不届き者は、追われる身となった。

連帯責任

棟別銭を払わずに村から逃げ出た者がいれば、同郷の者が穴埋めした。同郷というだけで固定資産税を肩代わりするようなものだった。

追われる

ほかの村へ逃げても、追われるというケースもあった。よほど遠くへ逃げなければ、捕まってしまったに違いない。

減免は一切ない

大飢饉が起きたとしても、棟別銭はあくまで固定資産税。年貢は減免されたとしても、棟別銭を減免することはなかったという。

寺社に対しては優遇

農民に対しては厳しい税制政策をとっていたが、寺社に対しては優遇した。租税を緩和するだけでなく、金銭を渡すこともあった。

領国経営の作法 その15

関所を通るときは人だけでなく馬にまで税をかけた

該当する人々	大名	公家	**商人**	農民	**その他**

該当する時代	**室町後期**	**戦国初期**	**戦国中期**	戦国後期	江戸初期

馬や荷物にも通行料がかかり物流の発展の邪魔をした

国境など交通の要所に置かれて、そこを通る通行人や荷物を検査した関所。飛鳥時代に制度化されていて、侵入を防ぐための防御の拠点という意味合いもあったが、鎌倉時代以降は関銭(せきせん)を払わないと通れない場所となり、経済的な意味合いが大きい施設になっていた。通るたびに金を取られるので、商業や流通の発展を妨げる大きな要因ともいえたが、戦国時代は関所の数が非常に多かった。

当時は荘園がさまざまな場所にあり、その地主である公家、武家、寺社、豪族などが関所を作ったため、関所がいたるところに存在したのである。

関所を通る際の通行料は、牛馬や積荷にもかけられた。商人が馬に荷物を載せて運ぼうとすると、金がかかる。そのせいで、運ばれる品物の量は少なくなり、物の値段も高くなった。

前述の通り、関所を作って関銭をとっていたのは、その土地の豪族などだった。大名が作った関所であれば関銭は大名の懐に入ってきたが、ほとんどの関所は違ったのだ。しかも、豪族が関銭を収入源にして力をつけたため、大名の多くは関所を廃止したいと考えていた。だが、豪族が大事な収入源を手放そうとしなかったので、関所の廃止はなかなかできなかったのだ。

これに対して織田信長は、領地を広げるたびに関所を問答無用で撤廃していった。

関所の撤廃は、商人はもちろんのこと、民衆たちにも喜ばれた。関所によって運ばれる品物の数が減って物価が上がっていたが、関所を撤廃すれば流通が増えた分だけ物価が下がったので生活が安定したのだ。

楽市楽座で従来の商人たちの既得権益を破壊した信長は、関所と関銭を廃止することで豪族などの有力者たちの既得権益も破壊したのである。

関所

防御拠点という意味合いは皆無！

戦国時代に乱立していた関所。通るたびにお金がかかり、国内の商業や流通の発展を阻害していた。

380カ所あった関所

淀川河口から京の間の数十キロの間に、380カ所の関所があったという。減免などの措置がなければ、京には入れなかったことだろう。

豪族が設置

その土地で力のある豪族たちが、独断で関所を建てて税を徴収していた。また、幕府や寺社なども私腹を肥やすために関所を建てた。

馬や荷物にも課税

大きな荷物だったり、馬が何頭もいたりすると徴収される関税は跳ね上がった。そのため流通量が下がり、物価が上がったという。

領国経営の作法 その16

戦勝国は略奪行為をしない代わりに多額のお金を要求した

該当する人々	大名	公家	商人	農民	その他

該当する時代	室町後期	戦国初期	戦国中期	戦国後期	江戸初期

略奪されない保証のために町の人々は大金を支払った

戦が起きると、戦場では当然のように乱取りと呼ばれる略奪行為が行われた。56ページでも解説した通り、戦における略奪は戦国大名にとって収入源の１つだった。

戦場の町や寺社は略奪を避けるために、禁制（きんぜい）を得ようとした。禁制とは、幕府や大名などの権力者が略奪を禁止することである。禁制となった場合に略奪が行われれば、その者は処罰される。

寺社や町は禁制の文書を入手し、略奪はしてはならないという権力者からのお墨付きを得て、自分たちの財産を守ったのだ。当初は寺社が禁制を利用していたが、戦国時代には経済的に力を持った町人が生まれて、町も禁制を求めるようになった。

もちろん、禁制はタダでは手に入らなかった。禁制は非常に高額で、戦国大名にとっては美味しい収入源だった。

また、武将側から略奪しないという保証の代償として金銭を求めることもあった。織田信長は永禄11年（1568年）に上洛する際に奈良からは1000貫目の判銭（はんせん）を徴収し、堺では2万貫文の矢銭（やせん）を要求している。判銭は保護される領民が上納するものであり、矢銭は軍資金への協力という名目のものである。2万貫文は現在でいえば約16億円もの価値があり、堺も一度は要求を拒んで織田軍に備えて守りを固めた。だが、判銭や矢銭を出さなかった町に対して信長は攻撃を加えたこともあったので、最終的には堺は矢銭を支払ったと考えられている。

ちなみに、判銭や矢銭を支払った場合には防御御札というものが発行された。これがあることで乱暴狼藉を働く武士はいなくなるのだ。だが、防御御札を発行したにもかかわらず、二重三重に金銭を要求する部隊もいた。約束をしっかり守ったのは、信長だけだったという。

禁制・防御御札

攻撃しない代わりにお金をよこせ!?

戦に負けると戦勝国から略奪行為が平然と行われていた。しかし、お金を払えば止めてもらうことが可能だった。

矢銭を支払えば……

戦勝国が村に乗り込んで、財産だけでなく女や子どもを奪うということが平然と起きていた戦国時代。矢銭を払うことで、そのような行為はなくなった。

防御御札

高い矢銭を払うことで手に入れられる御札。攻撃されたり略奪されたりするよりは、ましだったと思われる。

軍事を拡大

防御御札による戦勝国の矢銭の収入は、略奪行為を行うよりも経済的にプラスとなった。そのお金を軍備に充てることで、強国はさらに強くなっていった。

矢銭に応じないと……

矢銭を払うことに応じないと、攻撃を加えられ村は地獄絵図と化した。まさに、地獄の沙汰も金次第である。

領国経営の作法 その17

大胆な減税政策を行うことで領内の人々を活気づかせた

該当する人々	大名	公家	商人	農民	その他

該当する時代	室町後期	戦国初期	戦国中期	戦国後期	江戸初期

シンプルな税のシステムと収穫の約3割という安い年貢

武力によって土地がたびたび奪われた戦国時代。土地の奪い合いが繰り返されるうちに、誰が領地を所有しているかという権利関係があいまいなことも多かった。

そのため農民が土地を所有する複数の領主に二重に年貢を納めるという事態が発生。また、権利関係がはっきりしていても、二重に税を支払うこともある。土地の所有者である領主と、実際に土地を治めている代官の双方から年貢を要求されることが頻繁起こっていたのだ。

こうなると重税に苦しむ農民は領外へ逃げ出すことになるので、税も取れず経済が疲弊し、結果的にその国の力は衰えていった。戦国大名の織田信長は、こうした事態を避けるため大幅な減税を行った。

天正(てんしょう)10年(1582年)に出した命令書でも、信長は「農民からは年貢以外は過分な税をとってはならない」としている。前述のように、二重に年貢を払わざるを得ない農民もいたが、こうした複雑な制度をシンプルなものにして、いわば中間搾取を減らしたのだ。

そして、徴収する年貢自体も低めに設定した。永禄(えいろく)11年(1568年)に信長が領有した近江では、年貢は収穫高の3分の1と決められていた。江戸時代の年貢の割合である五公五民や四公六民と比較すると、収穫高の3分の1は約3割なので、農民に対して非常に優しい政策だったことがわかる。

信長が領民に対して優しい政治を行った理由の1つとして、天下人を目指していたということがある。新たな領地を獲得して自分の国を広げても、重税に苦しんだ民がたびたび一揆を起こすような状態では、次の領地に攻め入ることができない。領内をうまく統治してこそ、領土を拡大していき、天下を狙うことができたのだ。

信長の善政

魔王と恐れられた信長は経済政策の天才

非道で荒々しいイメージがある織田信長だが、民衆にとっては善政を行う優れた戦国大名だった。

年貢の減免

信長が所領していた近江の年貢は、収穫高の3分の1を納めればよかった。他国では6割～7割などというところもあり、それと比べると非常に優しいものであった。

関所の撤廃

豪族や寺社勢力の収入源だった関所の撤廃に乗り出した。人々が多く行き交うようになり、流通量が増えて経済発展を促した。

過分な税の取り立てを防止

検地を行うなど、今まで複雑に絡んだ土地の権利をシンプルなものにした。年貢の二重三重どりを防いだ。

戦国FILE

やはり信長は恐ろしい!?
抵抗する者には容赦しなかった

関所や年貢の横取りなど、散々いい思いをしてきた豪族の中には、信長の政策に不満を持つ者が少なくなかった。信長は自分の政策に抵抗する者が現れると、容赦なく切腹を申しつけた。

領国経営の作法 その18

税を平等にとるために枡の大きさを統一した

該当する人々	大名	公家	商人	農民	その他

該当する時代	室町後期	戦国初期	戦国中期	戦国後期	江戸初期

同じ大きさの枡を使うことで離れた場所との取引も可能に

楽市楽座や関所と関銭の廃止によって商業が発展した織田信長の経済政策。彼が行った政策には、枡の統一というのもある。

枡は米や麦などの穀物、酒や油などの液体といった主に食物を計る道具として古くから用いられてきた。奈良時代の平城京跡からも木製の枡が見つかっていて、枡は約1300年の歴史を持つ。だが、長らく大きさは統一されておらず、地域や年代によって容量が違っていた。そのため、ある国での枡1杯の米の量と別のある国での枡1杯の米の量は同じではなかったのだ。

これでは、国と国との間で商売を行うことができない。楽市楽座で各地の商売が盛んになり、関所と関銭がなくなって商人が遠くの土地へ行けるようになっても、枡の大きさに違いがあると離れた土地同士での取引がうまくいかなかった。流通が発展して商取引が活発化する中で、枡の統一を求める声が出はじめていた。

枡の大きさを統一したのは織田信長だった。信長が京の都に上洛した翌年の永禄(えいろく)12年（1569年）のことである。統一の枡として選ばれた十合枡は、京で最もよく使われている枡だった。そのため、「京枡(きょうます)」と呼ばれた。

枡の統一には年貢の不正をなくすという効果もあった。代官が年貢を取るときは大きな枡を使い、領主に渡すときは小さな枡を使って、その差を着服する代官もいたのだ。

信長がはじめた枡の統一は、天下統一と同じように豊臣秀吉と徳川家康に引き継がれた。秀吉は太閤検地で全国の農地の収穫量を調査したが、その際には全国共通で使用する枡として京枡を採用した。徳川時代には「江戸枡」という枡も並行して使われたが、1669年以降は京枡のみとなり、昭和30年代頃まで使われた。

京枡

不正が横行した年貢米を平等に！

容量がバラバラだった枡の規格は、織田信長が統一したことで不正はなくなり、人々の不満も解消された。

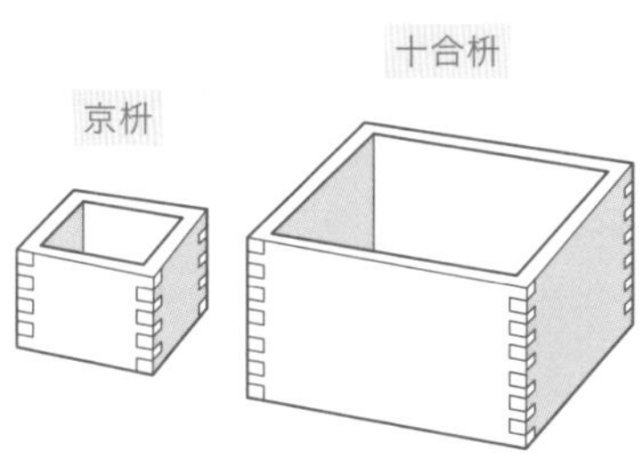

枡

10合を1升と数える「十合枡」を織田信長が領国で採用。この規格が畿内一帯に広がっていった。

それまでは不正が横行

枡の大きさは全国でまちまちで、1升に満たないものを1升とするなど、不正が横行していた。

独自の規格

武田信玄は「甲州枡」と呼ばれる独自の規格を作っていた。通称は国枡で、信玄枡とも呼称された。

戦国FILE

昭和30年代以降、枡はどうなった!?

昭和30年代頃まで使われていた京枡。昭和41年(1966年)にメートル法が実施されて以降は使われなくなった。長さを表す尺はメートルに、重さを表す升はキログラムに変わったのだ。

領国経営の作法 その19

金や銀が通貨になったのは戦国時代に入ってから

該当する人々 ▷	大名	公家	商人	農民	その他

該当する時代 ▷	室町後期	戦国初期	戦国中期	戦国後期	江戸初期

金銀の貨幣を使うことは経済によい効果を与えた

飛鳥時代の和銅(わどう)元年（708年）に日本で最初の流通貨幣といわれる和同開珎(わどうかいちん)が作られたが、その後、長らく日本で貨幣が作られることはなかった。宋銭(そうせん)や明銭(みんせん)などの中国から輸入した銭を、国内の通貨として利用したのだ。

輸入した貨幣に頼るため、貿易が停滞すると貨幣の量が減ってしまい、日本国内では銭不足も起きた。銭の数が少ないため、銭の価値は上がって相対的に物価は下がる。いわゆるデフレ経済の状態である。

このデフレは金と銀を通貨として使用することで改善された。もちろん、金と銀自体には貴重品としての価値があったが、それまで貨幣としては使われていなかったのだ。

金と銀の貨幣の使用には、ほかにもメリットがあった。中国から輸入した銭は銅銭であり、金や銀よりも価値が低い。さらに、銅銭は高額の品物を買う際、大量に持ち運ばねばならなかったが、金銀であれば銅銭よりもずっと少量で済むので、遠方での取引においてもずっと楽になる。金銀の貨幣が登場したことで、商業の発展にも大きく貢献したのだ。

豊臣秀吉は天正(てんしょう)15年（1587年）に金貨と銀貨を作りはじめている。翌年には長さ17.5cm、幅10.2cmで世界最大級の金貨である天正長大判(てんしょうながおおばん)を作らせた。ただし、秀吉の金貨と銀貨は主に褒美として配られたので、広く世に流通したものではなかった。

現在のところ発見されていないが、織田信長も金貨と銀貨を作ったと考えられている。永禄(えいろく)12年（1569年）に、金銀の通貨を高額商品の取引で利用することを法令で定めているからだ。信長は茶器や絵画を強制的に購入して「名物狩り」と呼ばれたが、この名物狩りのあとから金銀が通貨として使われるようになったとされている。

通貨

戦国時代に貨幣経済が発達！

飛鳥時代からあった貨幣だが、その主な素材は銅であった。中世の時代になり、金や銀の貨幣が登場する。

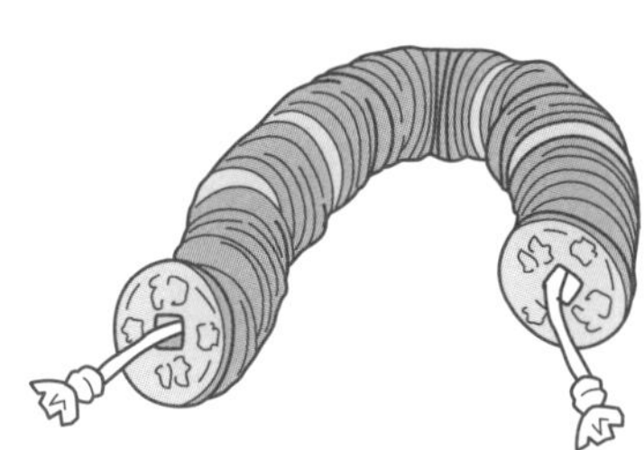

銅銭

中国では銅を素材とした貨幣を鋳造する技術が古くから発達していた。その影響を受けた日本でも、貨幣といえば銅銭が主流であった。

採掘

金山や銀山の採掘技術が向上したことで、金や銀の流通が劇的に増加。「黄金の国・ジパング」といわれ、世界的に注目されたのもこの頃であった。

鋳造

鋳造技術が乏しかった日本は、中国の輸入に頼らざるを得ない時代が長く続いた。信長や秀吉の登場によって鋳造技術が発達した。

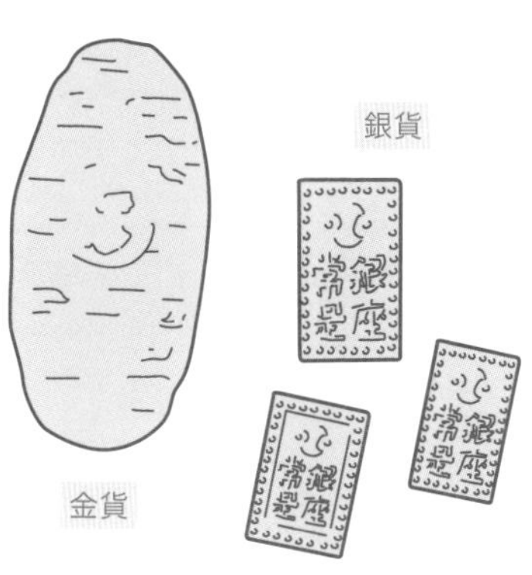

金貨と銀貨は江戸時代から本格的に流通。戦国時代では、褒美として贈答していたに過ぎなかった。

領国経営の作法その20

入城料100文を払えば絢爛豪華な安土城に入ることができた

該当する人々	大名	公家	商人	農民	その他

該当する時代	室町後期	戦国初期	戦国中期	戦国後期	江戸初期

派手なイベントが開催されて多くの人々を集めていた

天正（てんしょう）4年（1576年）、領土を広げた織田信長が領国経営の中心地として安土城の建築を開始した。場所は琵琶湖の近くにあり、東西南北のどこに向かうも好都合な場所にあり、天下統一を目前に控えていた信長にとって、最高の立地であった。戦国時代の城の多くは山岳部を活かした山城だったが、安土城は我々がイメージする天主と石垣を持ち、その後の時代に作られた城のモデルになった。経営者として先見の明があったのだろう。

豪華絢爛な安土城はレジャー施設的な役割も果たしていた。天正9年（1581年）1月15日には「左義長（さぎちょう）」という新年の儀式も、安土城で行われた。左義長は平安時代から行われていた火祭りで、現代ではどんど焼きとして伝わっている。無病息災を願う祭りだが、信長は色とりどりの衣装を着た武将たちを従えて馬に乗って登場し、爆竹を鳴らして駆け抜けたという。

現代では観光客のために城が美しくライトアップされることも少なくないが、安土城も当時ライトアップされている。天正9年（1581年）7月15日に天主や城郭内に建立された摠見寺（そうけんじ）にたくさんの提灯が吊るされて、松明（たいまつ）を持った馬廻衆（うままわりしゅう）が乗った船がお堀に浮かべられたのだ。安土城は幻想的に照らされ、多くの見物人を集めた。

翌年には年賀のあいさつを受けるということで一般公開までされた。信長自ら祝い銭という名目の入城料100文を人々から徴収したという逸話が残っている。このときは多くの人が集まって石垣が崩れて死人まで出てしまい、入場者整理も行われた。

宣教師フロイスは「信長は自らを神に見立てて人々に安土城に参らせようとしていた」と書いている。本能寺の変がなければ、信長は現人神（あらひとかみ）になれたかもしれない。

安土城

夜はライトアップされていた安土城

信長の死後、放火により焼失してしまった安土城。生前は、大型アミューズメントパークのように賑わっていた。

左義長

1月15日の小正月の火祭りに、信長や家来たちが騎馬に乗って登場した。一説には、氏神八幡宮で行われる例祭という火祭りに対抗するために行ったという。

ライトアップ

盂蘭盆会（うらぼんえ）（現在でいうお盆）の期間に、安土城の一画にあった摠見寺（そうけんじ）では、無数の提灯を使ってライトアップがなされた。

入城料

正月は、入場料100文を払えば誰でも安土城の中に入れた。しかも、城主である織田信長自らが、人々からお金を徴収した。

領国経営の作法 その21

訪れた商人に宿泊を強制して、城下町を活性化させた信長

該当する人々 ▷	大名	公家	**商人**	農民	**その他**

該当する時代 ▷	室町後期	戦国初期	**戦国中期**	戦国後期	江戸初期

住民にさまざまな特典を与えて経済を発展させようとした

安土城は、それまでの戦国時代の城のあり方をガラリと大きく変えた城だったが、城下町にも大きな変化をもたらしている。

築城と同時に城下町の建設がはじめられ、住民が誘致されて、町の発展のために楽市楽座が実施された。

城下町をどう治めていくかという織田信長の方針は、天正(てんしょう)5年(1577年)に出された「安土山下町中掟書(あづちさんげちょうちゅうおきてがき)」に表れている。これは全13カ条からなる掟書で、城下町を商業と交通の新たな拠点にしようという信長の意志を読み取ることができる。

13カ条の中でも際立っているのが、「街道を行き来する商人は必ずこの町で宿泊するべし」というもの。城下町にお金を落とせと言わんばかりの露骨な内容である。また、住民税の免除や普請の免除など、税金がかからないのも特徴的で、安土城の城下町の暮らしやすさをアピールしているようにも思える。

さらに、この13カ条の掟書は経済政策だけにとどまらない。「火災が誰かから火をつけられた場合は罪にならない。自分で火をつけた場合は取り調べの上、追放する」、さらには「犯罪者に家を貸したり、同居したりしていても、事情を知らなかったなら罪にならない」ということのほかに、「盗品を知らないで買った場合は罪にならない」といったような刑法のような掟もある。これらは自分に非がなければ咎めることはしないという内容である。

信長はほかの町でも楽市楽座令を出しているが、それらと比べてもこの掟書は内容が充実している。城下町に住む町人の暮らしについても言及しているが、商人を必ず立ち寄らせたり、国中の馬の売買を安土で行わせたりと、強引にでも町の経済を発展させようとしていたのがわかる。

安土城下

経済発展を促した織田信長の城下町運営

絢爛豪華な安土城の下には、大規模な城下町が広がっていた。信長は経済発展のための13のルールを作った。

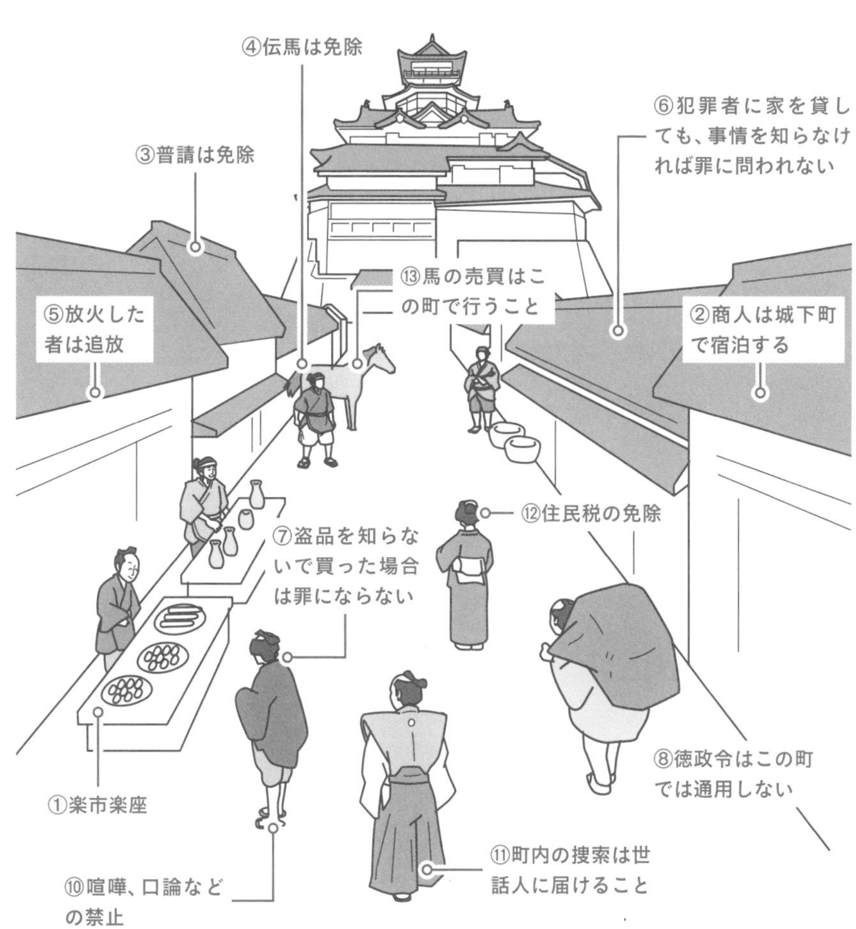

安土山下町中掟書

楽市楽座や税の免除、馬の売買などの経済政策が中心だが、放火や喧嘩などの治安維持に関する掟についても言及している。

領国経営の作法 その22

大坂の陣では豊臣方につくと金や銀がたっぷりもらえた

該当する人々	大名	公家	商人	農民	その他

該当する時代	室町後期	戦国初期	戦国中期	戦国後期	江戸初期

田畑の納税者を特定して税の取りっぱぐれを防いだ

豊臣秀吉が行った経済政策の中で特に有名なのが、太閤検地である。検地とは年貢などを決めるために田畑を測量・調査することを指す。秀吉以前の戦国大名も検地を行っていたが、太閤検地とはさまざまな点で違いがあった。

戦国大名の検地では、多くの場合、田畑に立ち入って調査するのではなく、面積などについて書いた帳面を提出させていた。この指出検地(さしだしけんち)と呼ばれる方法では、農民が帳面をごまかして、こっそり隠し田を作って収入を増やして脱税することもあった。だが、農民からの強い抵抗を恐れた大名は、正確な検地を強行できなかった。

これに対して太閤検地では、日本全国において詳細な実測(「縄入れ」と呼んだ)が行われた。この政策の特徴としては、田畑の所有者と納税する耕作者をどちらも1人に特定したということである。

戦国時代においては、1つの土地に対して所有者が何人もいたり、田畑を耕作しているのが誰なのか不明だったりして、誰に年貢を払わせればよいのかわからないといった事態が珍しくなかった。さらに、貴族の持ち物だった荘園の田畑を武士が武力を背景に自分の物にすることも多く、さらにその土地を別の武士が奪うこともあった。こうした理由で、土地の所有者が複数いることも少なくなかったのだ。

また、田畑を耕作する農民は、耕作権を借金の担保にしてしまって手放したり、年貢が払えないので土地から離れて逃げたりしてしまうこともあった。こうした場合は、誰が耕作者なのかわからず、誰から年貢を徴収すればいいのかもわからなかったのだ。

田畑の所有者と耕作者をそれぞれ1人ずつ特定した太閤検地は、二重課税を防ぐと同時に、税を取り損なう事態も防いだのだ。

太閤検地

きっちり納税させた豊臣秀吉の経済政策

田畑の大きさを測定する検地は、それまでずさんに行われた。豊臣秀吉が行った太閤検地は精度の高いものだった。

太閤検地

信長の家臣だった頃に、検地の実務経験をしていた豊臣秀吉。信長の死後、実権を握った秀吉は、より正確な検地を行って税収をアップさせた。

権利関係の整理

それまでの田畑の権利関係は、複雑に絡み合っていた。太閤検地は、1つの土地に対して、1人の納税者を決めることで権利関係を整理した。

隠し田

精度を高めた太閤検地だが、山奥までは足を踏み入れなかった。隠し田と呼ばれる密かに耕作した土地を持ち、納税を免れる者も中にはいた。

領国経営の作法 その23

太閤検地はきっちり税を納めさせる画期的な経済政策だった

該当する人々 ▷	大名	公家	商人	**農民**	**その他**

該当する時代 ▷	室町後期	戦国初期	戦国中期	**戦国後期**	江戸初期

大坂の陣の豊臣軍の大半は金目当ての牢人たちだった

大坂冬の陣と夏の陣によって、徳川家は豊臣家を攻め滅ぼしたが、この戦いで豊臣側が頼ったのが、金目当ての牢人たちだった。

牢人とは主君から離れたり、主君を失ったりした武士のことを指す。関ケ原の戦いのあと、その数は急増していた。徳川家康が西軍側についた大名たちをことごとく処刑・改易・減封したからである。その総数は40万人にも及んだという。

大坂の陣で豊臣家が牢人に頼った背景としては、豊臣家に恩がある大名たちに支援を求めたものの、徳川を恐れて応じる者がいなかったという事情もあった。そのため金銭や戦のあとの仕官を目当てにした、いってみれば打算的な牢人たちの力を借りるしかなかったのだ。

牢人には組織化された者たちもいて、何人かの牢人を束ねた親分的存在の牢人。さらに、豊臣のもとに集まった牢人の中には農民もいた。ただ、農民の中には元武士もいたので、戦う意欲があるのなら、豊臣家は戦力になれば農民でも積極的に雇い入れたのだ。

牢人に対しては、豊臣秀吉が蓄えていた金銀を与えた。額は牢人の身分や能力によって変わったが、馬上1騎には黄金2枚と竹流し（金貨の一種。半円筒状の鋳型で作ったもの）2枚を与えたという。そのほかの者には、丁銀というナマコ形の銀貨などが支払われた。

また、牢人たちの中には妻子を連れて戦に参加した者もいて、妻子は城下町に住んだ。大坂城への集まった牢人たち（牢人衆）のなかには、土佐の領主だった長宗我部盛親や黒田家に仕えていた後藤基次、真田丸を築いて家康を苦しめた真田信繁（幸村）らそうそうたる面々が名をつらねたが、そうした元大名クラスの場合は、城下町に屋敷も与えられたという。

牢人

お金の魅力に引き寄せられた牢人たち

戦国時代後期、豊臣家と徳川家が権力の座をめぐって激突。豊臣家は蓄えた金銀を放出して、兵を掻き集めた。

農民も参戦

豊臣方につけば金貨や銀貨がもらえるということで、牢人だけでなく農民も群がった。無論、大した戦力にはならなかった。

丁銀

ナマコ形の棒状の銀。160グラムほどの重さがあった。

竹流し

竹に金を流し込んで作られた金貨。竹流し金とも。

元大名クラスは優遇

牢人の中でも元大名などの経歴を持つ者は、お金だけでなく大坂城の城下町に屋敷を用意。妻子も城下町に住めた。

戦国FILE

奮闘する者もいたが逃げ出す者も続出

大坂夏の陣では、真田信繁（幸村）のように奮闘を見せる者もいたが、勝ち目がないと判断して、武器を捨てて逃げ出す者もいた。しょせんは寄せ集めの烏合の衆にすぎなかった。

領国経営の作法 その24

城の改築費用を押しつけて、家康は大名の国力を奪った

該当する人々	大名	公家	商人	農民	その他

該当する時代	室町後期	戦国初期	戦国中期	戦国後期	江戸初期

大規模工事の担当と大船の没収で大名の力を低下させた

天下人となった豊臣秀吉と徳川家康は、どちらも大名たちを巧みに支配した。さまざまな名目で大名に負担を与えて、力を削いだのである。その一例が、天下普請(てんかぶしん)だ。

普請とは土木建築のことで、天下普請とは国家のための土木建築のことである。国家のためのものであるから、事業は諸大名に命令して行わせた。

これには大名から間接的に税を徴収するという狙いもあった。秀吉や家康の城のための普請も行ったので、本来であれば将軍家が費用を出すべきところを大名たちに人も金も負担させたのだ。これは将軍家のために金を出しているのと同じことなので、税を徴収するのと同様の効果が得られた。

天下普請で城を建設する場合には、建設を担当する大名が軍事的に重要な情報を知ることになってしまう。もし大名が裏切った場合には、城の弱点を効果的に攻めることだろう。そうしたリスクを避けるため、江戸城の改築の際には、天守などの機密部分は東日本の譜代(ふだい)大名（関ケ原の戦いより以前から徳川家の家臣だった大名）が担当した。西日本の大名たちは、天守台（天守を築く土台）、石垣などを担当した。江戸城の建設は30年以上かかった大工事であり、これに関わることで大名たちは力を抑えつけられたのだ。

同じように大名たちの力を制限したのが、江戸幕府による大船建造(たいせんけんぞう)の禁だ。これは慶長(けいちょう)14年（1609年）に制定された法令で、主に西日本の大名を対象とした。500石（米を最大500石積めるという意味）以上の大船を作ることを禁じるだけでなく、すでに所持している船も没収された。ただし、貿易のための朱印船(しゅいんせん)は500石を超えても許された。こちらはあくまで大名の軍事力を低下させることが目的だったので、貿易のための船は除外されたのだ。

天下普請

天下普請は実質的には納税と一緒！

天下普請という公共事業を行いながらも将軍家の持ち出しはゼロ。費用は大名たちが肩代わりした。

城の改修

天下普請は新しく城を建てるだけでなく、城の整備・改修も行われた。徳川家の本拠地となった江戸城の場合は、後者のほうだった。

橋の建設

橋の建設などのインフラも天下普請に含まれた。また、橋だけでなく川の開削や治水工事も大名たちに行わせた。

御手伝普請（おてつだいぶしん）

江戸城における天下普請は、城の普請だけでなく都市計画事業であった。寺社の転移や、湿地の埋め立てなど、多岐にわたった。

大船狩り

大名家の軍事力や経済力を削ぐために、徳川家康は大型船の没収を行った。また、新しく大型船を造ることも禁じた。

column ②

織田家と武田家は、出身地が命運を分けた!?

勝敗の要因は、海と山の違いだった

戦国最強と呼ばれた武田家を滅亡に追い込んだ織田信長。その勝敗の要因は、両軍の出身地による「経済力」から分析することができる。

信長の祖父・信定が支配していた津島は、尾張と伊勢を結ぶ地点にあり、多くの船が行き交う物流の一大拠点。商工業エリアでもあり、特に陶器の生産が高く、大きな収入源となった。また、信長の父・信秀が支配下においた知多半島も経済的価値の高い地域である。

一方で、武田軍がいた甲斐地方（現在の山梨県）は、盆地でもともと豊穣の土地ではなく、天災が多いエリア。天文（てんぶん）9年（1540年）に大きな災害が起こり、翌年は飢餓に陥るなど、信玄が統治していた当時過酷な状況が続いていたのである。こうした地域の違いから、両軍の圧倒的な財力の違いがわかる。

三章

経済戦争の作法

戦国時代の華といえば戦。しかし、その戦をするにもさまざま物資、お金が必要となってくる。大名たちはどのような下準備のもと、戦へと向かっていったのだろうか。本章では、軍需物資や実際の戦争の経済効果、戦の費用など、戦と経済について深く探っていく。

経済戦争の作法 その1

軍事コストがかかるが常備兵は圧倒的な強さを誇った

該当する人々	大名	公家	商人	農民	その他

該当する時代	室町後期	戦国初期	戦国中期	戦国後期	江戸初期

桶狭間での勝利は常備兵がもたらした

今川義元が桶狭間で織田信長に敗れた最大の要因は、本陣を急襲されたことにある。義元としては、信長陣営の鳴海城、大高城を今川方が押さえていことから、信長勢はこの地域を狙い、大高城周辺が主戦場になるという思惑があった。だが、信長は拠点の清須城から遠く離れた桶狭間まで遠征する。永禄３年（1560年）５月19日早朝、清須城を出陣した信長勢は、昼過ぎには桶狭間の今川本陣を急襲したのである。その距離約50キロ。この機動力は秀吉の中国大返しに匹敵する。

「まさか本陣を攻めてくることはないだろう」という今川勢の慢心――その「まさか」を現実化した信長勢の超人的な機動力は、鍛え抜かれた兵たちの存在抜きには語れない。

戦国時代の兵は大半が農民兵で、平時には農業に従事していたため、その戦闘力は決して高いものではない。だが、信長は戦い専門の兵である「常備兵」を組織していた。これが「小姓衆」と呼ばれる若手将校的な存在で、中でも武勇にすぐれた者を赤母衣衆、黒母衣衆として選抜した。小姓衆以外にも、槍の者、弓衆、鉄砲衆など大名直属の旗本部隊も組織されていたという。

天文22年（1553年）に信長が義父の斎藤道三と正徳寺にて会見した際には、約800騎もの旗本部隊を率いていた。当時信長は家督を相続して間もないにもかかわらず、これほどの精鋭を引き連れた姿に、道三も天下人としての面影を重ねたことだろう。この旗本部隊は後の桶狭間の戦いの頃には約1800騎にも膨れ上がっていたが、この「常備兵」の働きにより、桶狭間での急襲作戦は成功したが、「常備兵」を組織するには豊かな経済力が必要である。その収入源は、津島湊をはじめとする海運物流によるものだと考えられている。

常備兵

「速い・高い・強い」の常備兵

常備兵は農兵に比べて給料こそ高いが、ふだんから訓練が可能なため精強で、戦の際も動員までの速度が速かった。

常備兵（足軽）

メリット

訓練ができる

平時に農業を営む農兵と違い、常備兵は戦に特化した部隊。ふだんから訓練を行い、戦で活躍した。

デメリット

維持費が高い

常備兵は給与制のため、農兵と比べて多額の維持費がかかる。

農兵

メリット

給与が扶持（ふち）

扶持とはお米のこと。農兵に対する給与はこの扶持のため、金銭的な給与はあまり発生しなかったようだ。

デメリット

農繁期には動員できず

田植えや稲刈りなどの農繁期に動員してしまうと、作物収入が少なくなってしまう。

column

農兵なのにすごく強い！　長宗我部家の「一領具足（いちりょうぐそく）」

長宗我部家の軍を支えたのは、平時は農業を営み、戦時は武器をとって戦う半農半兵の兵士たちだった。彼らは各個人が一領の具足を所有しており、号令がかかったときすぐに参集できるよう、田畑の傍らに鎧と武器を置いていたという。また、普段の畑仕事により体がたくましく、「死生知らずの野武士なり（死を恐れない勇猛果敢な兵士たち）」と称された。

経済戦争の作法
その2

信長は800人乗りの巨大な船を建造していた

該当する人々	大名	公家	商人	農民	その他

該当する時代	室町後期	戦国初期	戦国中期	戦国後期	江戸初期

毛利水軍も恐れをなした謎に満ちた「鉄甲船」

天正6年(1578年)、信長が大坂本願寺を落とす戦いのさなか、兵糧攻めを行うべく大坂湾を封鎖した。だが、救援に駆けつけた毛利水軍の火矢や焙烙玉による火器攻撃に苦しめられ、織田方の九鬼水軍は敗れた。

そこで信長は「燃えない船」、すなわち「鉄甲船」の製造を命じた。その存在が疑問視されている鉄甲船だが、当時、貴重品であった鉄を巨大な船に張り付けるには莫大な資金力が必要である。宣教師オルガンチノがポルトガル本国に宛てた報告書によれば「この船には大砲が3門積んである」と記されているが、大砲がどこからもたらされたものかは不明だとしている。

だが、毛利水軍の船団を間近まで引き寄せ、一斉に砲撃して破壊したと『信長公記』に記載されていることから、大砲が設置されていたことは確かなようである。

当時大砲を所持していたのは豊後の大友宗麟で、小さな砲を造っていたとする資料がある。宗麟はキリスト教の信仰者となったことで宣教師たちとの信頼関係を深め、大砲製造技術を得たのだが、信長はどこから大砲製造技術を得たのであろうか。

1つの説として、鉄砲の製造はすでに国産化されていたため、その技術を転用して大砲を仕上げたというものがある。また別の説として、信長は宣教師たちの南蛮貿易とはまったく別ルートで、大砲そのものを輸入したのではないかというものもある。南蛮船以外に、明や倭寇の船が東南アジアから来航していて、それらの商人から大砲を入手したとも考えられている。

その詳細は謎のベールに包まれている部分が多いが、信長により軍艦や大砲など、戦いに不可欠な武器の製造技術が急速に発展したことは間違いないだろう。

鉄甲船

膨大な費用がかかる鉄甲船を6隻も所有

鉄板などの生産方式が確立していない戦国時代で、信長は時間も費用もかかる鉄甲船を6隻も建造したという。

九鬼水軍の鉄甲船

※イラストはイメージになります。

鉄甲船の乗員人数は最大800人と推測されている(諸説あり)。鉄甲船の次に大きい安宅船が数十人から数百人が最大乗船人数だったことを考えればその大きさがわかる。

鉄甲船には大砲が搭載されていたという。戦国時代には鉄砲の量産化には成功していたが、大砲が登場するのはさらに後の時代のはずである。それでも九鬼水軍が毛利水軍を大砲によって破ったという記録があることは確かである。

第一次木津川口の戦いで、毛利水軍が扱う火矢や焙烙火矢によって船団をことごとく燃やされた経験を活かし、船体に鉄板を張り付けた"燃えない船"を作った。

火矢

矢の先に油を染みこませて火をつけた矢のこと。

焙烙火矢

瀬戸内海の海賊、村上水軍が主に使ったとされる手榴弾のような武器。

経済戦争の作法
その3

鉄砲の国産化に伴って、ネジも普及した

該当する人々	大名	公家	商人	農民	その他

該当する時代	室町後期	戦国初期	戦国中期	戦国後期	江戸初期

鉄砲伝来以前日本にはネジがなかった

天文12年（1543年）、種子島に漂着した船に乗船していたポルトガル人によって鉄砲（火縄銃）が伝来。島主での種子島時堯が２挺の鉄砲を2000両（現代の価値にして約2億円）で購入した。時堯はすぐさま刀鍛冶を呼びつけ、鉄砲の量産化を命じて筒状の銃身の製造には成功したものの、筒の底部を塞ぐ方法がわからなかった。

その翌年、来航したポルトガル船に鉄砲製造の技術者がいた。時堯は美濃国出身の刀鍛冶・八板金兵衛清定に、銃身底部を塞ぐ技術を習得するよう命じる。金兵衛は娘の若狭をポルトガル人に嫁がせてまでこの技術を習得しようとしたといわれている。

そこで知り得たのが、銃身の後方を塞ぐ尾栓の部分は、雄ネジ（ボルト）と雌ネジ（ナット）によって固定されていたということ。それまで日本を含む東アジア圏では、和時計の一部に特殊なものが用いられていた例を除いてネジを使った工業製品は存在しなかった。多くは楔を使った製品だったのだ。

金兵衛が習得した「ネジの技術」により、鉄砲製造の国産化は急速に進んだ。受注量が増えると、刀鍛冶から鉄砲鍛冶に転職する者が続出。製造地も種子島から根来、国友、堺へと拡大する。高い硬度の鉄をシャム（タイ）から買い入れて、命中率の高い日本製鉄砲が量産されたのだ。これらは、飛ぶ鳥も撃ち落とすほどの精度を持つことから当時の中国人は「鳥銃」と呼んで恐れたという。

また、当初の火縄銃は引き金を引いてから弾丸を発射させるまでタイムラグがあったが、鉄砲鍛冶たちは「弾金」と呼ばれるバネ状の装置を開発し、引き金を引くとすぐに弾丸が飛び出すものにした。西洋の技術と日本の職人の技術が融合したハイブリッドな鉄砲が生まれたのだ。

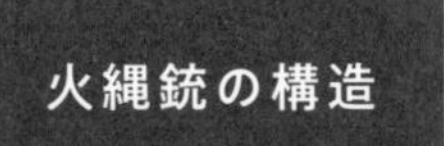

ネジがなければ銃は造れない

現代では当たり前のように使われているネジ。その技術は鉄砲の伝来とともに日本へ伝えられた。

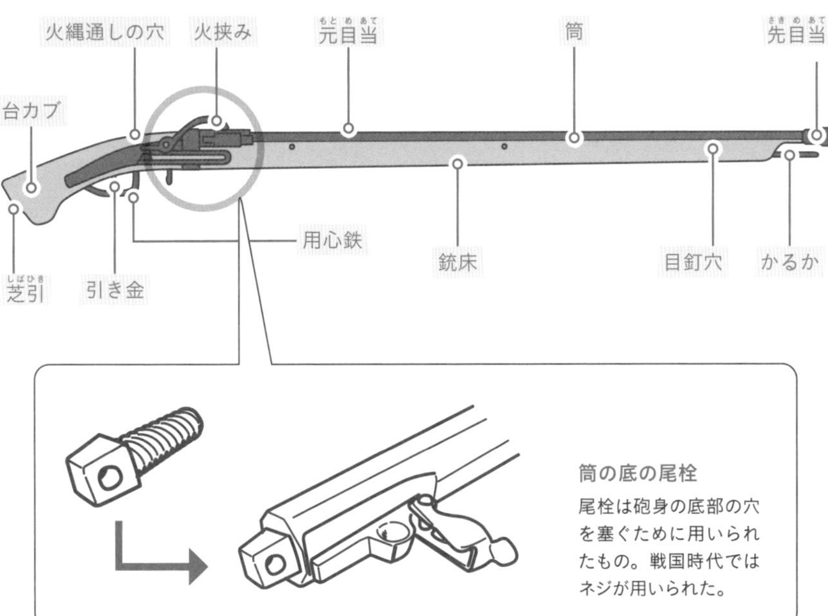

column

天下人を支えた国友の鉄砲鍛冶集団

戦国時代での鉄砲生産地といえば、堺や根来などが有名だが、この2つと並び称されたのが近江にある国友と呼ばれる地域だ。技術力の高い鍛冶職人が多くいた国友では、種子島へ鉄砲が伝来した翌年から、室町幕府の命により鉄砲の製造がはじまった。織田・徳川連合軍と武田軍が戦った長篠・設楽原の戦いにおいて、織田軍が用いたとされる3000挺のうち、およそ500挺が、この国友で製造された鉄砲だとされている。その後、豊臣秀吉から厚い保護を受け、徳川政権のもとで幕府の統制下に置かれると最盛期を迎えた。

経済戦争の作法 その4

主要銀山の石見銀山は当時の世界経済の中心にあった

該当する人々 ▷	大名	公家	商人	農民	その他

該当する時代 ▷	室町後期	戦国初期	戦国中期	戦国後期	江戸初期

石見(いわみ)銀山の産出量は世界の3分の1を占めた

2007年にユネスコ世界文化遺産に登録された石見銀山(島根県大田市)は、大量の銀が産出されたことで知られ、大名たちに大きな収入をもたらした。その量たるや、当時の世界の銀産出量の3分の1を占めたというから相当である。

そもそもの始まりは、1520年代のこと。博多商人の神谷寿禎(かみやじゅてい)が出雲国へ船で向かう途上、海上から輝く山並みを見た。船員に尋ねるとかつて銀を産出していたが、今は廃れた山だと聞き、もしやと思った神谷が試しに採掘すると大量の銀が出た。

その後、この地域を支配していた大内氏により大規模な採掘が行われ、石見銀山には諸国から多くの者たちが集まり、ゴールドラッシュならぬシルバーラッシュが巻き起こった。

当時の国際通貨は銀である。抽出技術の向上によって純度約100%に精錬された銀は、ポルトガル商人の間で評判で、銀山付近は佐摩(さま)村と呼ばれていたことから転訛して、イギリスやポルトガルで「ソーマ銀」とも呼ばれて重宝されたという。石見銀山産出の純度の高い銀は、貿易を経て世界各地に流通していった。これら石見銀山産の銀は、博多商人たちの恰好の取引物件となり、天文(てんぶん)7年(1538年)、少弐殿(しょうにどの)の使者と称する者が朝鮮国王に約189キロの銀を献上し、見返りを求めたという記録が『朝鮮中宗実録(ちょうせんちゅうそうじつろく)』に記録されている。また、天文11年(1542年)にも、日本国王の使節と名乗る安心(あんじん)という仏僧が銀8万両(1.35トン)を携えて朝鮮国王を訪問した記録もある。

これだけ大量の銀を準備することができたのは、その背景に彼らが大内氏や、対馬の宗氏(そうし)との関係があったと推測でき、当時の日本で銀は貨幣として普及していなかったものの、世界市場では国際通貨としての価値が高かった。

灰吹法（はいふきほう）

銀の生産速度を加速させた抽出技術

銀を抽出する灰吹法は天文2年（1533年）に、慶寿という僧侶を介して日本へと伝わり、シルバーラッシュを起こした。

灰吹法の手順

①るつぼの中に動物の骨などを燃やしてできた灰を入れる。

②るつぼの周りに炭を置き、灰の上には銀鉱石と鉛を置いて加熱。

③るつぼの上に2本の鉄棒を渡して炭を置き、上からも熱する。

④熱によって銀鉱石と鉛が混ざって溶けだしたら、ふいごで風を送って鉛とそのほかの不純物を酸化させる。

⑤酸化した鉛と不純物が灰の中へと染みこんでいく（蒸留）。

⑥鉛と不純物が完全に灰へ染みこみ、銀のみが残る。

※甲斐黄金村・湯之奥金山博物館HP
(https://www.town.minobu.lg.jp/kinzan/tenji/haihuki.html) より作成

経済戦争の作法 その5

物流を止める荷留（にどめ）は経済制裁として機能していた

該当する人々	大名	公家	商人	農民	その他

該当する時代	室町後期	戦国初期	戦国中期	戦国後期	江戸初期

荷留に泣かされた武田信玄

荷留とは、戦国時代に敵国の力を弱めることを目的に、街道などを封鎖して物資の流通を遮断してしまうことで、いうなれば経済封鎖である。各地の大名たちは自国内に役所や関所などを設け、人やものの往来を管理した。

当時は「路次断絶（ろじだんぜつ）」「通路断絶」と呼ばれ、港湾などでは「津留（つどめ）」とも呼ばれた。結城家の家法「結城家法度（ゆうきけはっと）」では、荷留の対象物資を「米、塩、馬、木綿」と定めている。

この荷留によってとりわけ被害を受けた大名といえば、武田信玄が有名だろう。軍事物資のみならず、生活物資も輸入に頼っていた武田家の場合、陸上輸送路を絶たれると国力が一気に低下してしまう。永禄（えいろく）11年（1568年）の駿河侵攻の対抗策として、今川家と北条家は相模、伊豆、駿河から甲州武田領への荷留を行い、塩の輸送を禁じた。この時代、塩は調味料としてだけではなく、食料の保存にも使われていたため、こうした荷留は内陸部の国々にとっては生命線を脅かしかねない事態であった。

ちなみに、武田家の軍記である『甲陽軍鑑（こうようぐんかん）』には、天文（てんぶん）17年（1548年）の上田原の戦いで50人の足軽に鉄砲を所持させたことや、天文24年／弘治（こうじ）元年（1555年）の第二次川中島合戦で300挺が投入されたことが記録されている。おそらく種子島に鉄砲が伝来する以前から、中国朝鮮経由で銅製の火縄銃を信玄は入手していたのだろうと推測される。

しかし、弾丸に使用される硝石は輸入でしか入手できず、織田信長が畿内で勢力を伸ばしはじめ、堺などが信長に押さえられると、せっかくいち早く入手した火縄銃も無用の長物となってしまう。経済封鎖や禁輸は現代の国家間でも問題になるが、戦国時代にも通ずるものがあるのかもしれない。

経済制裁

流通のストップは現代でも行われる経済制裁

大名たちは敵対している国に対して、物資の流れをストップさせる、という今と同じような手法で制裁を行った。

荷留と路次断絶

内陸国の敵対大名

内陸国を領土としている大名は、陸上運送にしか頼ることができない。

荷留

敵対している国との境に関所などを設けて、人や物資の往来を止めること。港などで行われる際は「津留」という。

敵対している国同士

双方ともに敵対している場合は互いに経済制裁を行っていた。

路次断絶

通路断絶とも呼ばれ、双方の国境に関所を設け、人や物資の往来を妨げた。いわゆる国交断絶である。

経済戦争の作法
その6

合戦の費用は物資だけで100億円もかかった

該当する人々	**大名**	公家	商人	農民	**その他**

該当する時代	室町後期	**戦国初期**	**戦国中期**	**戦国後期**	**江戸初期**

戦争の規模が大きくなれば兵糧の調達費用も激増する

戦時に持ち歩く兵糧は、個々の兵が自ら用意しておくのが中世以来の基本原則。大将は余分な兵糧を用立てる必要も、兵糧の運搬用に人員を確保する必要もなかった。ところが戦国時代に入って戦闘の規模が大きくなり、攻城戦の際に戦場で長期間過ごすことが多くなると、この原則が崩れはじめていく。

長丁場を耐えられるだけの兵糧を、誰もが用意できるわけではない。途中で兵糧が尽きるとモチベーションに関わるため、大名が備蓄米を放出し、兵に支給するようになっていった。とはいえ備蓄米にも限りはある。そこで手持ちが底をついたとき、大名はあらたに費用を投じて兵糧を購入した。敵領内で略奪するのも1つの手ではあったが、戦後に自領となる可能性を考えるなら避けたほうが賢明である。同盟国に援助を求めて兵糧を送ってもらうこともあった。

このように戦でかかる兵糧調達の費用には、当然だが多寡がある。天正6年（1578年）、毛利輝元が播磨国上月城を攻撃した際の例を見てみよう。城側の尼子勝久と、その援軍として駆けつけた羽柴（豊臣）秀吉を破った戦いにあたり（上月城の戦い）、毛利氏は300石の兵糧を調達した。これを現在の貨幣価値で見ると2400万円ほど。戦闘1回あたり2400万円が高いか安いかは判断が難しいところだが、いずれにせよ戦に明け暮れた時代なので、数を重ねるととんでもない出費になったことは間違いない。

天下統一の総決算となった豊臣秀吉の小田原攻めは、費用からしてさすがのスケールである。この戦には米20万石（160億円相当）が用意された。加えて兵糧以外の補給物資には金1万枚を放出。これは100億円に相当する。都合、260億円が1回の戦のために投入されたのである。

物資調達

富国強兵のためにも金が要る

自国が滅亡しないためには強力な軍事力が必要。それを得るには大きな経済力を有することが必須だった。

合戦の際に大名と家臣が用意するもの

兵糧

もともとは兵士が持参する（兵糧自弁）のが普通だったが、しだいに民が兵糧を調達することが難しくなり、大名側が用意するようになったという。

矢や弾薬

鏃や鉄砲の弾に使用される鉄は鍛冶職人でないと加工できず、大名の多くは鍛冶職人を城下町に住まわせた。

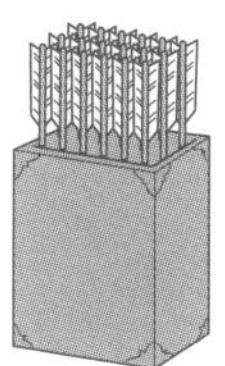

戦の工作費

水攻めや火攻めなどの工作費。水攻めの際には堤防の構築が必要なため、現地の人々から多数の人夫（力仕事をする労働者）が駆り出された。

武具

戦で着る鎧や、槍などの武器は家臣が自身で用意。領地の農民から徴兵することもあるため、それら将兵の分も用意した。

陣夫（じんぶ）の費用

兵糧や武器などの軍需物資を運ぶための人員雇用料。領地の農民が駆り出され、馬や牛、荷車を用いて運んだ。

経済戦争の作法
その7

火事場泥棒はコスパがいいビジネスだった

該当する人々	大名	公家	商人	農民	その他

該当する時代	室町後期	戦国初期	戦国中期	戦国後期	江戸初期

自分が有利な状況になるのをひたすら待つ受け身の戦略

火事のどさくさで他人のものを盗む火事場泥棒。最低の行為にも思えるが、戦国大名の生存戦略の1つとして、敵国同士の争いのあと、漁夫(ぎょふ)の利を狙うのはよくある手立てであった。

戦に内政に外交に、絶え間なく決断をくり返していくのが戦国大名の日常だ。しかし、誰もがこれを能動的に行っていたわけではない。積極的に打って出るのは勇ましくはあっても、同時に相応のリスクを抱えることになる。

それでもたびたび人生の賭けに勝利し、地位を固めていった者たちもいる。その代表格が織田信長と豊臣秀吉だ。信長も秀吉も、後世から見れば危険きわまりない数々の賭けに勝利することで天下人への道を歩んでいった。

一方、これとは異なる方法論をとったのが徳川家康である。家康は徹頭徹尾、受動的な方法を選んだ。強大な勢力には逆らわず、常に身をひそめてこれに従ったのだ。無理に勢力拡大を目指さない代わりに、弱体化した敵は容赦なく叩く。そうすれば味方の損耗も少ないうえ、派手な戦をくり返すわけではないので、恩賞も過剰に弾まずに済む。低リスクでコストパフォーマンスに優れた、割のよい方法であったといえるだろう。

実際、家康は永禄(えいろく)3年(1560年)の桶狭間の戦いでは、今川家の人質に出されていたが、義元の討死をもとに、故郷の三河国で独立。戦勝国の織田家と速やかに同盟(清須同盟)を結ぶと、三河を平定し、数年後の武田信玄による駿河侵攻にも乗じて、今川領の遠江へ侵攻した。このとき武田家とは大井川を挟んで西が徳川領、東を武田領とする協定を結んでいたあたり、さすがに、用意周到である。その後も信長や秀吉の影に隠れながらも、徐々に版図を広げていった家康は、およそ260年にわたる泰平の世の礎を築いたのである。

漁夫の利

まさに「虎の威を借る狐」戦法！

戦国時代は弱肉強食の世界。自国を守るためにも、強大な国と連携を取り、地道に領土拡大を図るのが基本だった。

戦国の火事場泥棒のしくみ

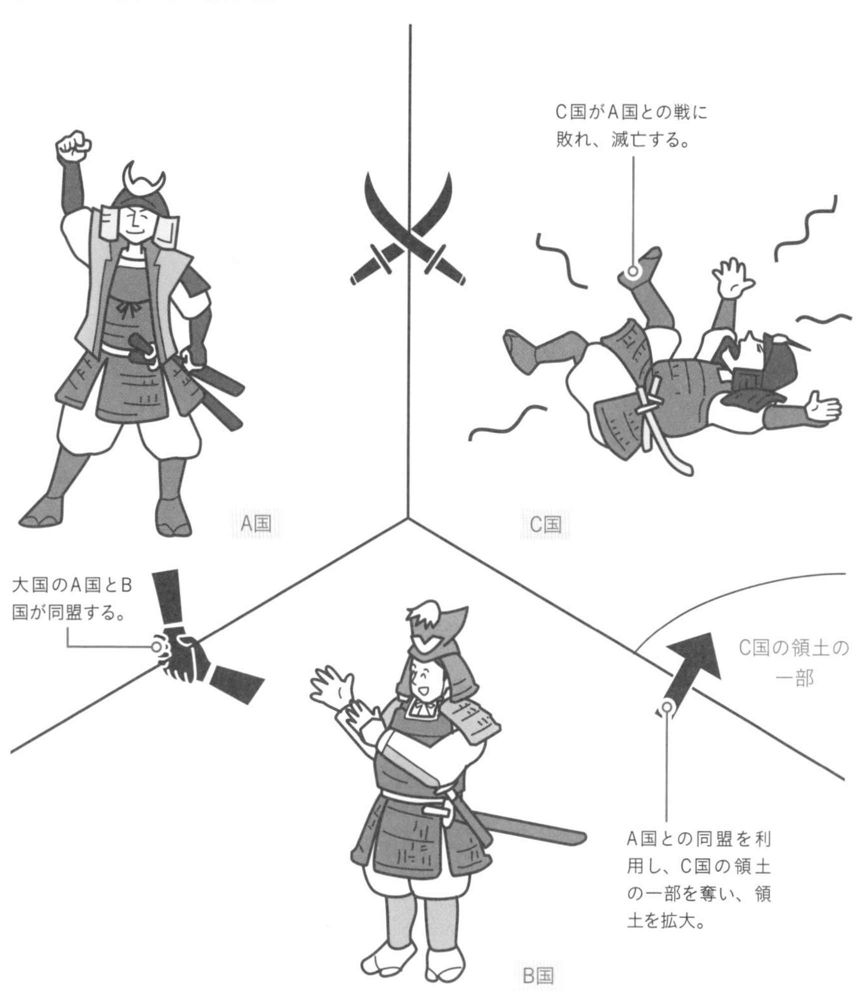

経済戦争の作法
その8

桶狭間の戦いは陶器をめぐるビジネス戦争だった

該当する人々	大名	公家	商人	農民	その他

該当する時代	室町後期	戦国初期	戦国中期	戦国後期	江戸初期

経済的価値の高い知多半島手中に収めるのはどっち？

濃尾平野の南にある知多半島は、揖斐川を通じて美濃、飛騨に至る流通の拠点で、商業が発展して大商人も多かった。また、常滑焼の生産地としても古くから知られていた。事実、同地は中世から有数の陶器生産地域で、知多半島製の陶器は全国的に流通していた。経済的にとても価値の高い、誰もが領有を欲する土地だったのだ。

織田信長が群雄割拠の時代にその名をとどろかせた桶狭間の戦いは、実はこの知多半島をめぐる争いだったと考えることができる。なぜなら桶狭間は知多半島の付け根にあり、織田と今川は、信長の父・信秀の代から当地の主権を巡ってたびたび攻防をくり広げてきたからだ。それは信長に代替わりしてからも同様で、桶狭間の6年前、天文23年（1554年）にも村木砦の戦いで織田軍は今川軍を破っている。

桶狭間の戦いは、今川義元が上洛の途中、信長の奇襲に遭ったという説が現在も有力ではある。しかし、それにしては今川方の準備が不十分で、本当に上洛を考えていたのだろうかという疑問がつきまとう。ところが、これが知多半島を巡る勢力争いだったと考えると納得がいくのだ。

桶狭間の戦いの前、知多半島の入口にある鳴海城と大高城が今川の手に渡ってしまい、尾張本国と半島が分断された。信長は奪回のため、すかさず攻撃拠点となる砦を数カ所、鳴海城と大高城の近くに築くと、今度は２つの城が孤立して、今川方にとって都合の悪いことになった。そこで義元が軍を起こしたというのが桶狭間の戦いの動機ともいわれる。このとき今川方は、重要拠点である大高城周辺が戦場になると考えていたようだ。その思い込みを逆手にとった信長は大高城には目もくれず、今川の本陣をついて義元の首級をあげたのである。

経済の要衝

近年の研究で明かされた義元の意図

織田軍によって討たれた今川義元は経済的視点から知多半島を欲したのではないかといわれている。

義元による尾張侵攻

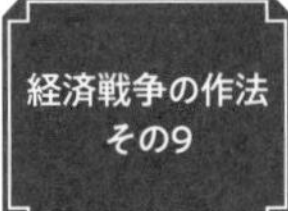

「本能寺の変」は信長の土地政策の失敗が原因だった

該当する人々 ▷	**大名**	公家	商人	農民	**その他**

該当する時代 ▷	室町後期	戦国初期	**戦国中期**	**戦国後期**	江戸初期

一方的な異動を命じられ抑えていた不満がついに爆発

織田信長の領地は、絶頂期には400万～600万石と、並ぶ者のない巨大な領土を有していた。ところが直轄地はというと、ほとんどない。これが信長のほかの大名たちと大きく異なる点の１つである。

戦国大名は領地の一部を家臣に与え、主従関係を強固にした。一方で財政確保のため、相応の直轄領も必ず有していた。しかし、信長は家臣に割り振った所領を実は「与えた」のではなく、「管理」させていただけで、本質的にすべての織田領は信長の直轄領であり、所有者もあくまで信長だった。政権運営に必要な税収は直轄領だからこそ得られる。信長はライバルに比べて、多大な経済的アドバンテージを有していたのである。

織田家中では、家臣は朝廷の役人や近代以降の知事のように、一時的に土地を管理していたにすぎない。だから信長は一度与えた所領をとり上げるだけでなく、無縁な土地への異動も普通に行った。そして与えられた所領では、信長の命令通りに治政を行わなければならない。独自経営を許されず、徹底して管理人であることを求められたのだ。

生え抜きの家臣ならば、そうした統治システムになじんでもいただろうが、途中で家中に加わった外様組はそうはいかず、納得のいかないことも多かっただろう。

織田家中でもデキる社員だった明智(あけち)光秀(みつひで)は、美濃の斎藤家や幕府に仕えたことのある途中入社組である。光秀は所領の丹波(たんば)、近江(おうみ)で善政を敷き、治政の安定に心を配った。特に丹波は「赤鬼」と呼ばれて恐れられた黒井城主の赤井直正(あかいなおまさ)など、地元の土豪たちとの争いの末に、5年の歳月をかけて手に入れた土地。信長から他所への異動を命じられたのは、ちょうど本能寺の変の直前だったとされている。

地域政策

武家社会のシステムを壊した信長

土地は大名より与えられるもの、というのが基本だった戦国時代。信長はその封建制度を壊した先駆者だった。

従来の封建制度

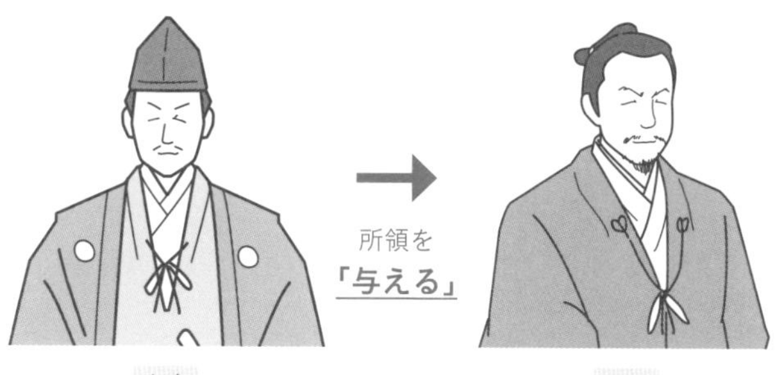

従来の封建制度では、土地は大名から家臣へ「与え」られるものという認識だった。一度土地をもらえばそれは完全に家臣のもの。大名が家臣に変わらぬ忠誠を求めるのであれば、功績のある者には土地を与え続けねばならない。

信長の土地制度

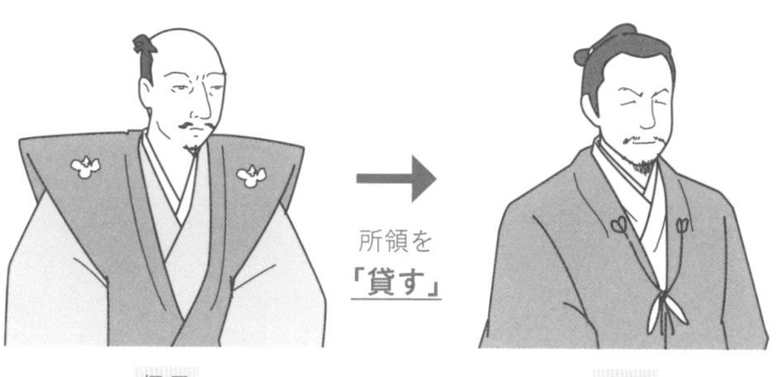

信長が作った制度はいわゆる「中央集権制度」。地方へ赴任する家臣は信長の代理人であり、現代でいうところの支店長だった。家臣たちは信長が決めたルールに基づいた統治を行うことで、スムーズな行政を行うことができた。

column

国替えに大失敗した秀吉と飛躍した家康

信長と同じく、秀吉も国替えを頻繁に行った。中でも徳川家康を関東の地へ移封したのは有名な話である。影響力のある家康を遠ざけたかったともいわれるが、この国替えにより家康は秀吉よりも多くの所領を手にする。つまり、秀吉は家康を畏怖するあまり、転封先に住む多くの人々(巨大な軍事動員力)を家康に与え、のちの躍進の機会をも与えてしまったのだ。

経済戦争の作法
その10

朝鮮出兵ではなく マニラ出兵のプランもあった

該当する人々	大名	公家	商人	農民	その他

該当する時代	室町後期	戦国初期	戦国中期	戦国後期	江戸初期

鉄砲歩兵中心の日本軍は陸戦でこそ力を発揮する!?

天下人となった豊臣秀吉は、ついにかねて構想していた海外派兵に着手。ポルトガル政庁があるインドのゴア、スペイン政庁のあるマニラ、台湾などに対して服属、入貢を求める。同時に唐(から)入り（中国征服）の準備の一環として、朝鮮にも服属を要求した。

明(みん)（中国）を中心とした東アジアの秩序は、明の衰退によってほころびが生じていた。そこに新たな秩序を築こうという狙いが秀吉にはあったのだ。

このとき、秀吉には側近の長谷川宗仁(はせがわそうにん)の献策を受けて、マカオやマニラなどを目指す選択肢もあった。大航海時代の主役だったポルトガルとスペインは、日本に多くの知識や技術を伝えた。しかし、宣教を表向きとして東アジア各地に散った彼らの第一目的は、市場の開拓にあったのも事実だ。

銀の産出国だった日本にとってポルトガルは、マカオとマニラをつないでアメリカ大陸の銀を大量に中国大陸へと流入させていた商売敵である。しかもマニラは、日本との関係が悪化していたスペインの支配下にある。いっそ、マカオとマニラのいずれかを武力で抑えれば、当座の敵を叩くことにもなり、東アジアの秩序という点からはかなり有効な一手になるはずだった。琉球、台湾経由でマカオ、マニラを攻略することは、費用対効果的にもお得な判断であったはずなのだ。実際、現地のマニラでは日本軍の襲来を危惧していたという話もある。

しかし、秀吉は真っ先に、朝鮮半島経由での唐入りに踏み切る。この決断の背景には、どうやら秀吉軍、ひいては日本軍の部隊構成があったらしい。秀吉が動員できる国内の軍勢は、そのほとんどが鉄砲歩兵を中心とした陸上戦力で、これが海上ルートを選択せず、戦力を活かせる朝鮮出兵に踏み切った理由と考えられている。

海外進出

広い視野で情勢を見れなかった秀吉

戦国時代の主要戦力は歩兵部隊。秀吉も例にもれず、歩兵の強みを活かすことのできる陸路で明を目指した。

朝鮮出兵に至った一因

陸上兵力

日本軍は鉄砲歩兵を主軸とした陸上戦力が強みだった。

海軍力

秀吉は歩兵戦力に執着するあまり、海軍力による東シナ海域の制海権奪取は想定外だったことが推測される。

実現されなかったマニラ侵攻案

マニラ

アメリカ大陸からマニラを通り、マカオへとつなぐ銀の輸出ルートは、スペインが構築した。それを押さえることで、世界的に見た日本の銀のシェアを高めることができる。

アメリカ大陸からマニラにわたった銀は、さらに海路でマカオへと運ばれ、ヨーロッパ方面へと輸送される。

当時スペインの植民地だったボリビアからは、マニラへと銀が輸出されていった。

経済戦争の作法
その11

関ケ原の戦い後、約3倍となった徳川一族の領土

該当する人々	大名	公家	商人	農民	その他

該当する時代	室町後期	戦国初期	戦国中期	戦国後期	江戸初期

勝ったんだから総どり！家康のえげつない戦後処理

全国の大名が東西に分かれて戦った関ケ原の戦い。その発端はといえば、豊臣恩顧大名たちの内輪もめにすぎなかった。そこにつけ入り、雌雄を決する大戦にまでエスカレートさせたのは徳川家康の手腕によるものである。

豊臣恩顧の諸大名は決して一枚岩ではなく、家臣団で対立が起こり不穏な関係にあった。その亀裂を決定的なものにし、天下分け目の戦いに発展させた家康のもとには、戦後、多くのものが転がりこんでくる。権力と、それを支える領地である。戦いに敗れた西軍から没収した石高はなんと630万石。その多くを手中に収め、自身と身内への加増だけで300万石超。おまけに全国の金山や銀山、主要港など、経済的なリソースを直轄地とした。関ケ原の戦いで決着まで要した時間は約6時間。それでこれだけのものを得たのだから、効率がよいにも程がある。まさにボロ儲け。思わず笑いが止まらなかったことだろう。

合戦前後の石高を比較すると、家康が250万石から400万石と大幅増となったのに比べ、222万石を有していた豊臣秀頼は66万石に、毛利輝元は120万石から36万9000石に大幅な減封となっている。秀頼と輝元に代わって家康に次ぐ所領を安堵された前田家の石高は120万石。一方、家中も含めた徳川一族の版図は計800万石に及び、これは当時の日本全体の25％を誇った。この割合は過去の武家政権に比べても圧倒的に大きく、財政基盤の強さを保証するものでもあった。

家康率いる東軍には豊臣恩顧の大名たちも加わったが、彼らに与えられたのは合計200万石程度。多く見えるが、ほとんどが政治の中心地である近畿周辺から中国、九州、四国など遠方へ転封させられ、露骨に冷遇されている。狡兎死して走狗烹らる、である。

戦後利益

身内だけでも300万石の加増

徳川家康の勝利で幕を閉じた関ケ原の戦いだが、戦前と戦後では領土にどのような変化があったのだろうか。

関ケ原の戦いの戦前と戦後の勢力図の違い

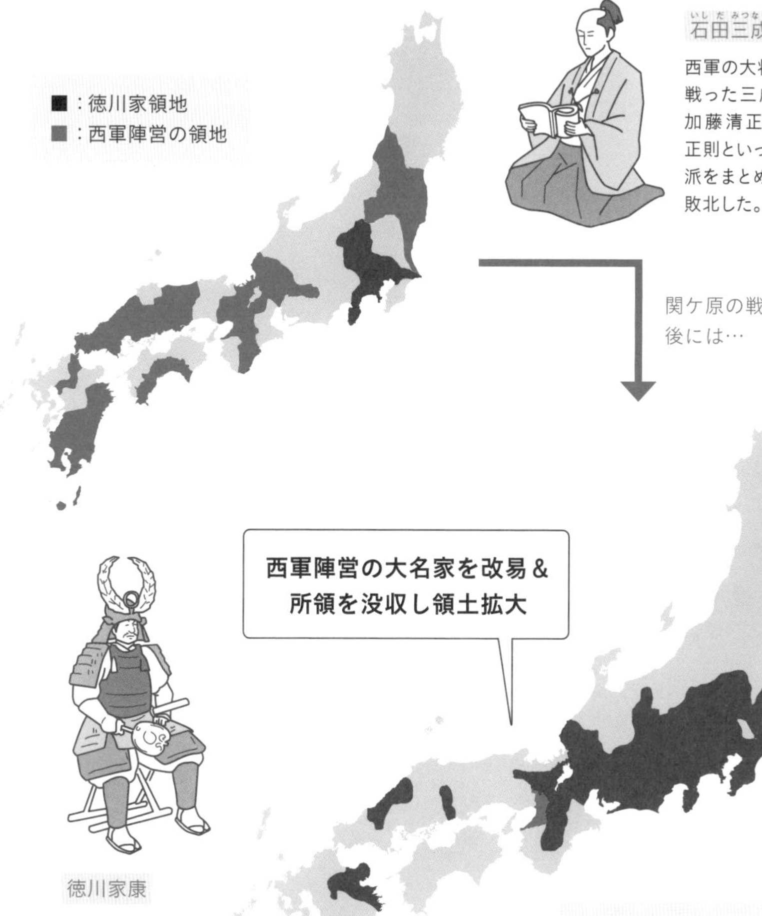

column ③

「敵に塩を送る」の裏側にはビジネス戦略的な思惑があった

上杉謙信はスーパービジネスマンだった

戦国時代における永遠のライバルといえば、川中島の合戦で死闘を繰り広げた武田信玄と上杉謙信だろう。信玄が治めていた甲斐は内陸国のため、かねて海を渇望していた。そのため、桶狭間の戦いで今川義元が討ち取られると永禄(えいろく)10年(1567年)に今川家の駿河へと侵攻。裏切られた今川家と、その同盟相手だった北条家は武田家への塩留を行い、信玄は窮地に陥る。それをライバルの謙信が助けたとされる「敵に塩を送る」は、有名なエピソードだ。しかし損得勘定を捨てて、宿敵に手を差し伸べる謙信の義心あふれるこの話は後世の創作とされており、実のところは甲斐への塩留を好機ととらえ、上杉家が流通を独占し、他国を出し抜こうとしたという話もあるのだ。敵であってもビジネスは別と考えていたのなら、謙信は相当なやり手である。

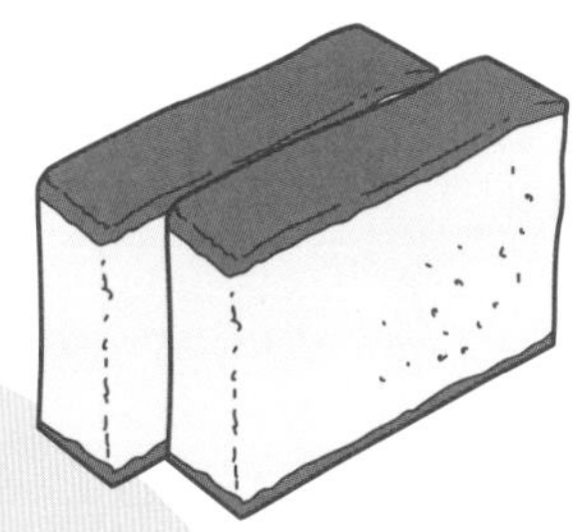

四章

貿易と流通の作法

戦国の経済を語る上で欠かせないのが南蛮貿易である。西洋からもたらされた技術や文化は、他国の文化を取り入れにくい島国・日本の価値観を一挙に変え、新たな時代へ進むためのキーポイントとなった。本章では日明貿易や南蛮貿易、当時の流通について紹介する。

貿易と流通の作法 その1

勘合貿易は大儲けできたが回数制限があった

該当する人々	大名	公家	商人	農民	**その他**

該当する時代	**室町時代**	戦国初期	戦国中期	戦国後期	江戸時代

明との貿易は日本にとってボロ儲けの美味しい商売

室町幕府が明（現在の中国）との貿易によって、財源の確保に励んでいた室町時代。当時の明では民間による貿易が禁止されており、朝貢（ちょうこう）貿易だけが認められていた。朝貢貿易とは、明の皇帝に対して属国が貢物を贈り、その返礼を皇帝が与えるというもの。つまり、室町幕府は明の支配下にあることを受け入れていたのである。

貿易が可能になるとはいえ、独立した国家が属国の地位に甘んじるというのは屈辱的だったはずだ。にもかかわらず朝貢貿易を続けた理由は、もたらされる利益の大きさにあった。明の皇帝はその権威を示すため、贈られてきた貢物の何倍もの価値を持つ返礼をする決まりになっていたのである。さらに、当時の日本国内においては、明製の品であるというだけで高い価値がつけられた。

ところで、日本にとって美味しい貿易ということは、明にとっては経済的に丸損の制度だったといえる。貿易が無限に続けば、いかに大国といえども、明の経済は破綻しかねない。そこで採用されたのが勘合符（かんごうふ）による勘合（かんごう）貿易である。これは勘合符と呼ばれる証明書を持った船だけが明と貿易ができるという制度で、属国には明の皇帝1代につき、100枚の勘合符が支給された。つまり皇帝1代につき、貿易は100回までという制限があったことだ。

永享（えいきょう）6年（1434年）の遣明船の記録によると、船1隻の経費はチャーター費が300貫文、船の修理費などが300貫文、船員の報酬が400貫文、食料や水、薬などが500貫文であった。そこに貢物を加えると、1回の貿易にかかる費用はおよそ1万貫文。それが3万から4万貫文（現在にして50億程度）になって戻るのだから、形式的に属国となることなど、些細な問題だったのかもしれない。

勘合貿易

勘合貿易はプライドのぶつけ合い

莫大な利益をもたらした勘合貿易には、さまざまなルールやマナーがあったようだ。

勘合貿易のマナー

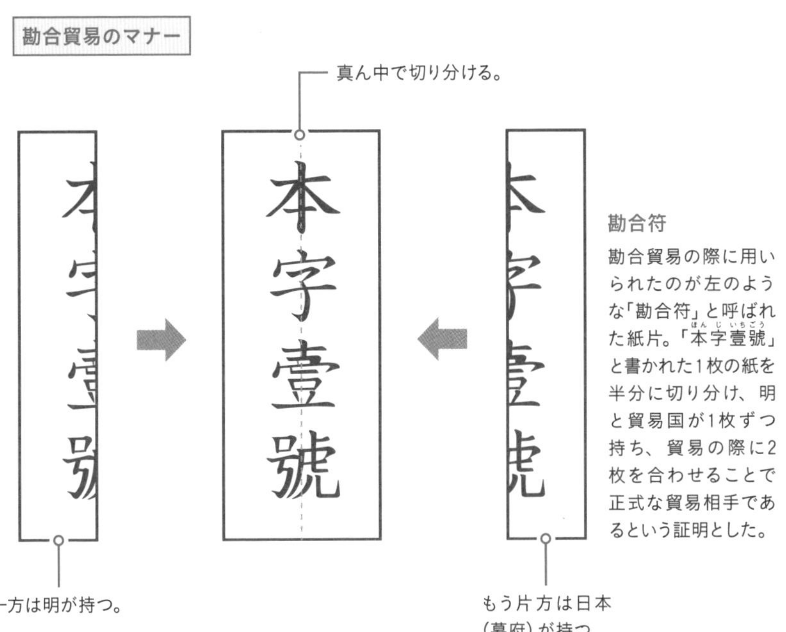

勘合符

勘合貿易の際に用いられたのが左のような「勘合符」と呼ばれた紙片。「本字壹號（ほんじいちごう）」と書かれた1枚の紙を半分に切り分け、明と貿易国が1枚ずつ持ち、貿易の際に2枚を合わせることで正式な貿易相手であるという証明とした。

冊封体制が必要

明との貿易を行うためには、明へ朝貢を行い、その国の王であるという爵位（冊封）をもらわなければならない。

明からの贈り物は「倍返し」

勘合貿易の際、明は自国の権威を示すため、相手国の贈り物より倍の価値になるよう返礼をしていた。

貿易と
流通の作法
その2

二束三文の壺のはずが日本で価格高騰が起きていた

該当する人々	大名	公家	商人	農民	その他

該当する時代	室町時代	戦国初期	戦国中期	戦国後期	江戸時代

朝鮮はあくまで足がかり 真の狙いは明の高価な特産品

天正(てんしょう)20年／文禄(ぶんろく)元年（1592年）から慶長(けいちょう)3年（1598年）まで、豊臣秀吉の命令によって行われたのが朝鮮出兵である。日本、朝鮮共に多くの戦死者を出し、豊臣政権衰退のきっかけともなったこの戦い。朝鮮はあくまでも足がかりで、その最終目的は明（現在の中国）にあったといわれている。

明の魅力の1つは高価な特産品である。室町幕府の衰退によって貿易が途絶えてしまったことで、そうした品々が国内に出回らなくなって久しかった。中でも秀吉の関心が高かったのがルソン壺（または真壺）と呼ばれた壺だった。千利休(せんのりきゅう)などの登場により、当時一大ブームとなった茶の湯にあって、ルソン壺は茶を保存するための器として重用されていた。なお、明との貿易が途絶えていた当時、ルソン壺はその名の通り、ルソン島（現在のマニラ）経由で日本に輸入されていた。

この壺はもともと明の南部で日用品として焼かれていたものだった。作りも粗く、雑器として流通していたものだが、茶の保存に適していたことから、日本国内では驚くような高値で取引きされていたのだ。史料によると高価なもので1個49両の値がつけられたという。49両は米にすれば60石以上、銭にすれば60貫文ほどで、現在の貨幣価値にするとおよそ500万円に相当する。

雑器として二束三文で仕入れた壺が、これほどの高値で売れるとあって、日本の商人たちはルソンに殺到。島の壺を買い尽くしてしまったという。たとえ雑器といえど、壺欲しさに、原産地である明との貿易を再開させたいと願うのは当然のことだろう。

とはいえ、実のところ朝鮮出兵の理由は定かではなく、秀吉の領土拡大欲や大名の兵力と財力の弱体化など、さまざまな理由があったと考えられている。

朝鮮出兵の理由

ルソン壺以外にもある朝鮮出兵の理由

天下統一を果たした秀吉がなぜ朝鮮出兵へ至ったかは今だに謎が多い部分で、さまざまな学説がある。

諸説ある朝鮮出兵の理由

征服欲・名誉欲

天下統一を果たして自信過剰になった秀吉が、朝鮮から明に至るまでを征服しようという野心があったとする説。

明を服属させて貿易をするため

当時日本と明の国交はほとんどなく、密輸によるつながりしかなかったため、武力で服従させ交易を再開させようとしたという説。

国内を安定させるため

天下統一後、諸大名を外征させることで、兵士や物資といった資源を消費させ、反乱の火種を消そうとした説。

スペインへのけん制のため

東南アジアへ進出してきたスペインが、明と朝鮮を征服して日本にも攻めてくる可能性を脅威とみなし、日本軍の軍事力を誇示するために出兵したという説。

貿易と
流通の作法
その3

琉球は日本と他国を結ぶ貿易センターだった

該当する人々	大名	公家	商人	農民	その他

該当する時代	室町時代	戦国初期	戦国中期	戦国後期	江戸時代

明のみならず東南アジアの品々までも集まる貿易拠点

14世紀から16世紀にかけて、海洋国家であった琉球王国（現在の沖縄）は、アジア地域における一大貿易拠点となっていた。

当時、独立国家であった琉球は、明と冊封（さくほう）体制をとることで積極的な朝貢貿易を行っていた。明の皇帝に献上品を贈り、その返礼として、優れた特産品を大量に輸入するという朝貢貿易は日本でも行われていたが、室町幕府の衰退によって途絶えることとなる。対して琉球では有利な条件を確保、また、国策の中心に貿易を据えることで、陶磁器や絹織物などの優れた明製品を安定して輸入していく体制を整えていた。

さらに琉球王国では、東南アジア諸国との貿易も盛んに行われていた。結果、明製の絹織物や陶磁器などのほか、東南アジアの木材・鉱石・染料・香辛料・酒・象牙、日本製の刀剣などが集中することとなった琉球は、一大貿易拠点として成長。日本は琉球との貿易によって、明の物資のみならず東南アジアの特産品も数多く輸入することができたのである。

東南アジアから日本への輸入品の中で特に多かったのは、香料や香木だった。香木の一種で建築材料にもなる紫檀（したん）は大名などの権力者に好まれ、高値で取引きされたという。

国内において琉球王国との貿易は室町幕府主導で行われたが、その利益の大きさから大内氏や大友氏、島津氏などの西国大名たちも独自に琉球王国との貿易を行っていた。明や日本、朝鮮などの仲介貿易によって隆盛を誇った琉球王国だが、慶長（けいちょう）14年（1609年）の島津家による侵攻（琉球侵攻）によって島津家の直轄領となる。なお、琉球の統治下にあった奄美などでは砂糖の生産が命じられ、島津氏は日本国内の砂糖市場を独占することになる。

琉球貿易

東アジアの貿易拠点だった琉球

海外貿易で巨万の富を得ていた琉球王国は、さまざまな国と多種多様な物資を交易していたようだ。

琉球貿易の流れ

①東南アジアから輸入

東南アジア諸国から香料や香木、象牙のような装飾品などを輸入し、日本や明、朝鮮へ向けて輸出する。

主な輸入品

胡椒

蘇木

象牙

②日本からも輸入

日本からも刀剣などの武具を輸入し、明へと輸出していた。島津家の支配を受けてからは海産物や酒類を明へ輸出し、生糸や絹織物を銀で購入して日本へ流通させていた。

主な輸入品

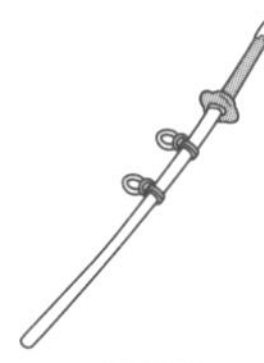
刀剣

武具

扇子

③明へ輸出

明への輸出品で琉球独自のものは、琉球馬や硫黄が主にあげられる。硫黄は現在の沖縄県で唯一活火山のある硫黄鳥島（いおうとりしま）で14世紀頃から産出している。

主な輸入品

琉球馬

硫黄

column

「万国の架け橋とならん」――琉球王国の貿易への熱い思い

首里城の中には「万国津梁（ばんこくしんりょう）の鐘」という鐘が置かれている。「万国津梁」は「すべての国々の架け橋」という意味。海外貿易で栄えた琉球王国の熱い思いがうかがえる鐘である。

貿易と流通の作法 その4

鉄砲の弾に使われる硝しょう石せきは、ほとんど密輸されたものだった

該当する人々	大名	公家	商人	農民	その他

該当する時代	室町時代	戦国初期	戦国中期	戦国後期	江戸時代

明により輸出が禁じられた硝石を得るための最終手段

貿易によって国内に持ち込まれるものといえば、茶器や織物に代表される高級品・贅沢品というイメージが強い。しかし実際は、大名たちにとって必要不可欠といえるものも多かったようだ。その代表といえるのが鉄砲の弾丸として使われる鉛や火薬の原料である硝石である。

天文(てんぶん)12年(1543年)、種子島に漂着したポルトガル人によってもたらされた鉄砲は、わずか数年で国内生産が可能となり、瞬く間に全国に広がった。しかし、日本には肝心の弾丸や火薬を調合するための素材がなかったのだ。

輸入先として最も適していたのが、硝石の一大生産地でもある明だった。しかし当時の明は倭寇(わこう)対策として軍需物資の輸出を禁じていた。倭寇は、もともと東南アジアや中国の沿岸で活動していた海賊だったが、16世紀頃には密貿易を主な資金源としていた。よって、日本が硝石を輸入しようとした場合、倭寇を頼った密貿易に手を染める以外になかったのである。

倭寇として最も有名だったのが中国の王直(おうちょく)という人物で、硝石のほかにも、硫黄や生糸、綿といった禁輸出品を数多く扱っていたという。ちなみに種子島に漂着したポルトガル人の船も王直が手配したものであり、その船に王直自身が乗っていたとも、通訳をしたともいわれている。さらに、鉄砲の製造に使われる鉄も王直が明から手配したものであり、国内における鉄砲の普及に大きな影響力を持つ人物であったことは間違いない。

隆盛を極めた倭寇だが、明政府の鎮圧政策によって、その勢力は徐々に衰退。代わって勢力を伸ばしたのがポルトガルだった。倭寇撃退に協力した見返りとして明からマカオを割譲されると、明の物資を日本に持ち込むことで巨万の富を得ていくのである。

明・ポルトガルと争った倭寇

現在の東シナ海を中心に活動した倭寇は明と対立。ポルトガルも明に助力して鎮圧に動いた。

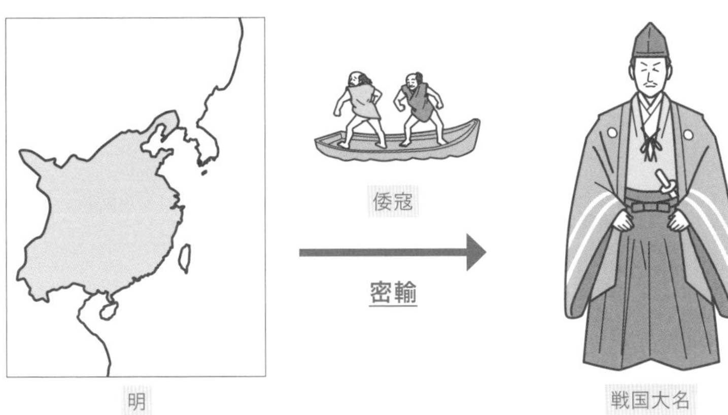

日明間で密輸を行う倭寇

日本と明の国交は断絶していたが、倭寇によって鉛や硝石、鉄などが日本へと密輸され、戦国大名たちのもとへ渡っていった。倭寇は明の海禁政策によって16世紀頃から徐々に衰退しはじめたという。

ポルトガルが倭寇鎮圧に加担

マカオを拠点としていたポルトガルは、永正10年(1513年)に明との間で通商関係を結び、明による倭寇鎮圧に助力。この功績をもとにマカオへの居住が認められ、東南アジア一帯での貿易を担うようになった。

貿易と流通の作法 その5

ポルトガルは日本との貿易で徳川幕府の税収並みに稼いだ

該当する人々	大名	公家	商人	農民	その他

該当する時代	室町時代	戦国初期	戦国中期	戦国後期	江戸時代

ポルトガルの貿易、その手法はアジアで仕入れ、アジアで売る

明と通商関係を結び、マカオという拠点を得たポルトガルは、明やマカオの特産を日本に運んだ。南蛮貿易というと、ヨーロッパの珍しい品々を扱うというイメージが強いが、実際のところは明を中心としたアジア各地で調達された産品がほとんどで、一般的に「船来品（はくらいひん）」と呼ばれるヨーロッパの品はごく一部であった。

アジア各地からポルトガルの手によって日本にもたらされたものは、鉄砲の運用に不可欠な鉛や硝石をはじめ、生糸や絹織物、金、陶磁器、生薬などであった。特に当時の日本ではほとんど生産されていなかった上質の生糸は、白糸（しらいと）と呼ばれ、珍重されたという。

そうした輸入品の対価として日本から運び出されたものが銀や銅、刀剣、工芸品などで、中でも銀の輸出は非常に多かったといわれている。国内に石見銀山など優良な銀山を複数もつ日本は、世界有数の銀の原産地だったからだ。

ところで、ヨーロッパの列強であったポルトガルは、なぜはるばるアジアまで貿易のために来ていたのだろう。大航海時代の到来によって、新航路が次々と発見されていたとはいえ、現在ほど航海術が発展していない当時、東の果てといわれた日本にまで来るのは、遭難など大きな危険が伴ったはずである。それでも、アジアを拠点としたのは、この地での貿易には危険に見合うだけの利益が見込めたからである。

戦国時代後期となる1570年代から、徳川家康によって開かれた江戸幕府による支配が盤石となった1630年代にかけて、日本とポルトガルの貿易による取引額は、石高にして200万石から400万石。これは徳川幕府の1年分の年貢収入に匹敵する額であった。ヨーロッパの列強にとっても、アジアでの貿易が、命を懸けてもよいほど美味しい商売だったのだ。

貿易船

南蛮人たちが使用した大型船

大航海時代の南蛮商人（宣教師）たちは、キャラック船という大型の船を用いていた。

キャラック船

ポルトガルが航海のために使用していたとされる船。キリスト教と対立していたイスラーム勢力の船に使われていた帆を取り入れて改良したもので、ナウ船とも呼ばれる。これより小型のものにはカラベル船がある。

ジャンク船

中国の商人が使用していた船で、現在でも沿岸部で見ることができる。日本では改良され、「唐船（からぶね）」として秀吉の時代から本格的に行われた朱印船貿易の際に活躍したという。

戦国FILE

宮ノ前事件

近世での日本人と西洋人のいざこざといえば、文久（ぶんきゅう）2年（1862年）の「生麦事件」が有名だが、そこから遡ることおよそ300年の永禄（えいろく）4年（1561年）に、肥前国平戸にてポルトガル商人と日本人商人の間で暴力事件が起きている。「宮ノ前事件」と呼ばれるこの事件は、双方の間で絹糸の取引がうまくいかず、怒った日本人商人が商品を叩きつけるやポルトガル商人が殴りかかり、事件を見ていた武士が日本人商人へ助太刀し、いよいよ大乱闘へと発展。ポルトガルは平戸での貿易を断絶することとなった。

西洋文化が多く取り入れられた

南蛮貿易はキリスト教や鉄砲を伝えただけではなく、さまざまな西欧由来の品々を日本へと伝えた。

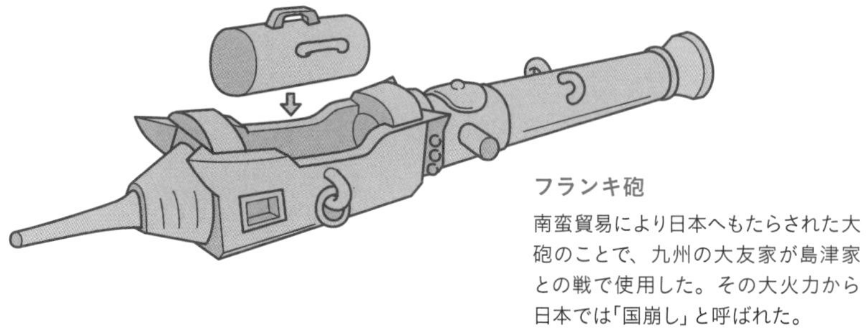

フランキ砲

南蛮貿易により日本へもたらされた大砲のことで、九州の大友家が島津家との戦で使用した。その大火力から日本では「国崩し」と呼ばれた。

オルガン

天正10年(1582年)にローマへと派遣された天正遣欧少年使節が持ち帰ってきたものが初のもの。熊本県の天草コレジオ館に現存するオルガンは、パイプ部分が金属ではなく竹でできている。

メガネ

日本にメガネが渡ってきたのは戦国時代のこと。当時のメガネは、耳にかけることができず手持ちで用いられた。

タバコ

鉄砲伝来の際に一緒に伝来したとされ、戦国時代にはキセルに刻みタバコを詰めて吸った。伊達政宗は起床後、昼、睡眠前の1日3度ほど喫煙していたという。

伝来品②

ポルトガル語がそのまま由来に

南蛮貿易での輸入品の中には、ポルトガル語が由来となり今もそのままになっている物品もあった。

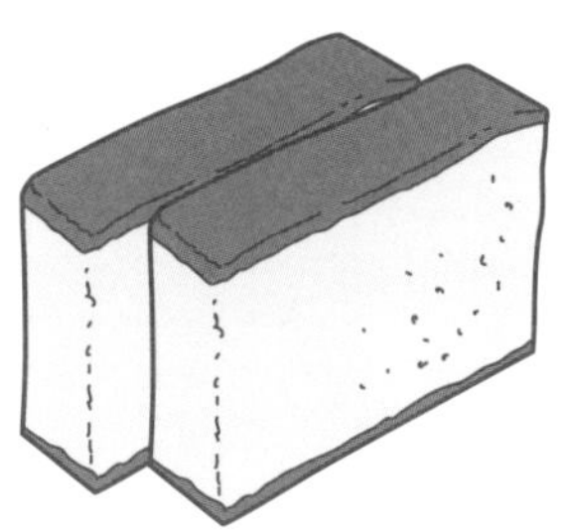

カステラ

ポルトガルの伝統的なお菓子である「パン・デ・ロー」が原型で、カステラという言葉はポロ・デ・カステラという国の名前が由来。

金平糖

ポルトガル人宣教師のルイス＝フロイスにより献上された金平糖。一般的なギザギザしたイメージとは違い、当時のものはデコボコした形状をしていたという。

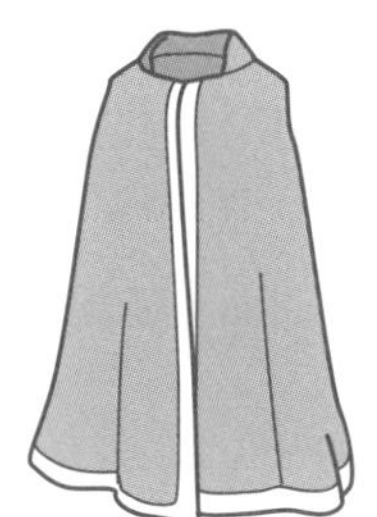

カッパ

南蛮人が来ていたレインコートのようなもの。羅紗（らしゃ）と呼ばれる高級な布を使用していたことから、武士階級しか手にすることができなかったという。

かぼちゃ

南蛮貿易では東南アジア由来のものも多く輸入されており、産地がカンボジアであったことから名前の由来となったのはよく知られている。

column

「天ぷら」は日本語ではない！

日本の伝統的な和食の1つ「天ぷら」。しかし、その名前はポルトガル語で「油」を意味する「テンペーロ」からきているという。

貿易と
流通の作法
その6

キリスト教を許可した国から優先的に貿易ができた

該当する人々	大名	公家	商人	農民	その他

該当する時代	室町時代	戦国初期	戦国中期	戦国後期	江戸時代

キリスト教布教の許可が南蛮貿易を始める条件

大航海時代、ポルトガルやスペインの商船は、世界中の海に乗り出していった。その目的は経済的な利益を得ることであり、さまざまな国と貿易をはじめ、相手が弱小であれば、戦争を仕掛けて占領することもあった。そんな彼らの大義名分がキリスト教の布教である。事実、この2国はローマ教皇から「キリスト教を布教するなら、ポルトガルとスペインで世界を二分してもよい」というお墨つきをもらっていた。逆にいえば、交易や侵略をする際は必ず布教をしなければならないという縛りがあったのである。

日本においても、貿易船は布教の許可を出す地域の港に入港した。諸大名に先駆け、いち早く布教許可を出したのが現在の中国地方一帯を領地としていた大内義隆(おおうちよしたか)だった。フランシスコ＝ザビエルとも複数回謁見をしている義隆は、領内に対し「キリスト教への入信を許可する」という触書きを出している。

その後も、南蛮船誘致のため、布教を許可する大名は続々と増えていき、中にはキリスト教の教えに感銘を受け、キリシタン大名となる者も少なくなかった。

有名なキリシタン大名に、豊後（現在の大分県一帯）を支配していた大友宗麟がいる。大内義隆の治める山口で布教を続けていたザビエルを呼び寄せた宗麟は、布教を条件に貿易を始めたのち、多くの軍需物資を買いつけ、さらには諸大名に先駆けて大砲の製造に成功する。大友宗麟が大きな軍事力を得た。裏には、キリスト教への手厚い庇護があったのだ。ポルトガルや修道会が宗麟の蜜月ぶりは、一時期豊後が日本国内におけるキリスト教の総本山という位置づけになったほどで、極めつき日向（現在の宮崎県）にキリスト教の王国を建設しようとしていたのだ。

宣教師

宣教師たちが辿った航路

日本を訪れたキリスト教宣教師たちはどのような航路をとったのか、ザビエルの例をもとに紹介していく。

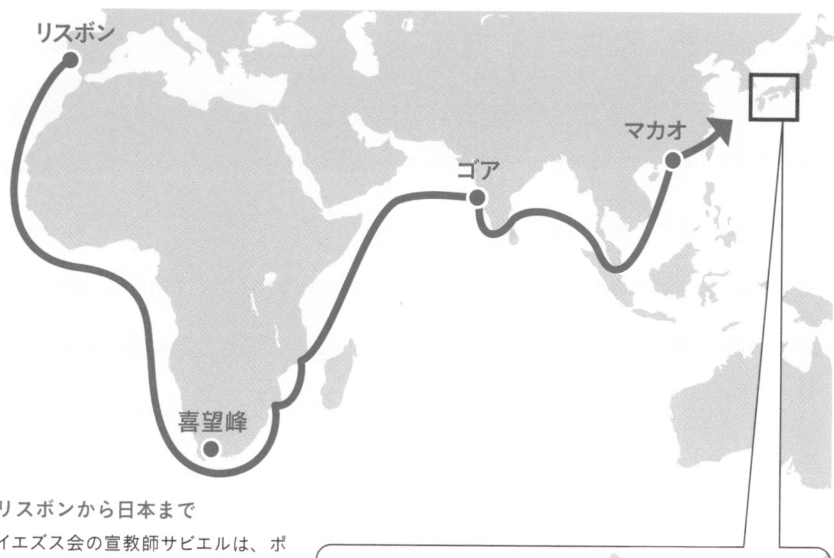

リスボンから日本まで

イエズス会の宣教師サビエルは、ポルトガル王国のリスボンから渡航開始。アフリカ大陸の南を通り、インドのゴアを経由、東南アジアを通ってマカオ、日本へと至った。

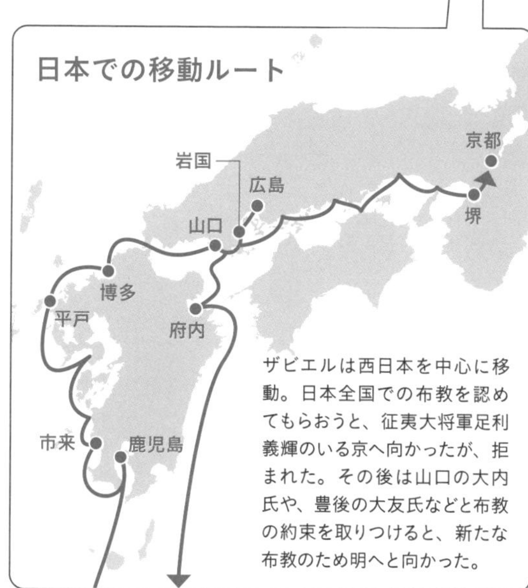

ザビエルは西日本を中心に移動。日本全国での布教を認めてもらおうと、征夷大将軍足利義輝のいる京へ向かったが、拒まれた。その後は山口の大内氏や、豊後の大友氏などと布教の約束を取りつけると、新たな布教のため明へと向かった。

戦国FILE

日本初のクリスマス

天文20年(1551年)にザビエルが訪れた山口では、布教活動を行っていた司祭のコスメ＝デ＝トーレスが、日本で初めてクリスマスを祝ったことで知られており、現在山口市は毎年12月に「クリスマス市」と改名しているほどである。

貿易と
流通の作法
その7

秀吉がいなければ日本は西欧の植民地と化していた

該当する人々	**大名**	公家	商人	農民	**その他**

該当する時代	室町時代	戦国初期	**戦国中期**	**戦国後期**	江戸時代

貿易港となった長崎の地を修道会に差し出した大村純忠

大友宗麟と並びキリシタン大名として有名な大村純忠は、肥前（現在の佐賀県一帯）を治めていた。その政策は布教の許可にとどまらず、来航する商人に対する関税を10年間にわたって免除、キリシタンに反感を持った仏教徒を弾圧し、領内にあった神社や寺を焼くなどした。極めつきは、横瀬浦の港を開港するにあたり、港とその周辺およそ半径10キロメートルの土地を修道会領として教会に寄付したのである。

全国土から見れば、半径10キロメートルの土地などわずかなものだが、日本の領土の一部がポルトガルの支配下に置かれたことは、日本の自治権存続の観点からは危機的状況である。インドのゴアや明のマカオのように、自国の法が適用されない治外法権の土地は、ポルトガルの日本支配の足がかりとなり得るものだったからだ。事実、当時のポルトガルとスペインは世界を二分し、そのすべてを植民地として支配下に置く構想を持っていた。

大村家と強い結びつきを持ったことで、ポルトガル船の入港は大村領と、純忠の親戚である有馬晴信の領地に集中した。入港地は横瀬浦から福田浦に移り、最終的に長崎に移ったのをきっかけに、純忠はこの地を教会領として割譲したのである。当時、長崎の人口は5000人を数えたが、うち1500人以上がキリシタンだったという。

おそらくポルトガルの構想としては、長崎を拠点に大村家と有馬家を手先として日本侵略に乗り出すというものだったであろう。しかし、天下統一を進める豊臣秀吉が大軍を率いて九州入りしたことで状況は変わる。日本の危機的状況を察知した秀吉はバテレン追放令を発令した。九州平定のあと、修道会から長崎の地を没収して直轄領とし、ポルトガルの日本侵攻の野望を砕いたのである。

キリシタン大名

熱心になり過ぎて過剰な大村純忠

キリシタン大名だった大村純忠は、領内を恐怖政治でキリスト教化しようとした。

仏教の弾圧

キリスト教への信仰心が強いあまり、寺院や先祖代々の墓を破壊したり、家臣の先祖の位牌を焼くなどの暴挙に出た。

改宗の強制

仏教徒であった領民を強制的にキリスト教へと改宗させ、従わないものは国外追放や処刑した。その後、恨みを持つ家臣団から反乱を起こされている。

土地を寄進

純忠は自国の領土をイエズス会に寄進している。横瀬浦という港を「キリストの聖母の港」として提供し、その後も長崎や茂木などもキリスト教会領として寄進したという。

column

秀吉を挑発したガスパール＝コエリョ

平戸を拠点に活動したイエズス会司祭のガスパールは、キリスト教の否定的な秀吉に対し、大砲を積んだ船で秀吉のいる博多に出向き挑発。九州のキリシタン大名と共に敵対しようとしていた。この一件もバテレン追放令へつながったといわれる。

貿易と流通の作法 その8

ポルトガルは日本人奴隷を買って大儲けしていた

該当する人々	大名	公家	商人	農民	その他

該当する時代	室町時代	戦国初期	戦国中期	戦国後期	江戸時代

密接に関係していた キリスト教の布教と南蛮貿易

日本の南蛮貿易によってポルトガルが信じられないほどの利益を得られた理由。それは硝石をはじめとした軍需物資を独占的に取り扱っていたことである。戦国時代、群雄割拠の日本にあって、諸大名は我先にと武器を買い集めていたのである。

しかし、そうした好景気は豊臣秀吉が天下を統一したことで陰りを見せることになる。天下統一が成し遂げられたことで日本は束の間の平和を得て、大量の武器を持つ必要がなくなり、逆に多くの武器を所有する大名の存在は、天下人である秀吉にとって脅威以外の何者でもなかったのだ。

天正(てんしょう)15年(1587年)、秀吉は、キリスト教の禁教令(きんきょうれい)を発令する。南蛮貿易の抑止のためである。スペインおよびポルトガルの目的はキリスト教の布教だった。「貿易するなら布教による版図の拡大を許可せよ」というわけだ。この条件に対し、武器などを買いつけたい諸大名は、こぞって領地での布教を許可したのだ。

秀吉の禁教令は諸大名とキリスト教を切り離すことで、南蛮貿易を続けにくい状況を作り、スペイン・ポルトガルの影響力を排除することが目的だった。

そしてもう1つ、南蛮貿易には問題点があった。人身売買である。ポルトガルは日本人を奴隷として買いつけ、世界各地で売るという奴隷交易を行っていた。島津氏が戦の折に捕虜にした領民の一部が肥後(現在の熊本県)に売られ、その後にポルトガルに転売されたという話もある。

日本の王たる秀吉にとって、民は自分の所有物であり、勝手な売買は到底許せるものではなかった。修道会に抗議文を送り、日本人を奴隷にすることへの中止を求めた秀吉は、国外に連れ出された日本人も連れ戻すよういい渡している。

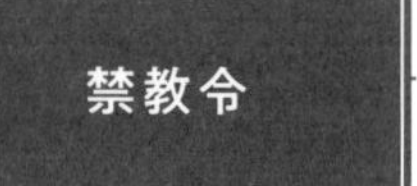

デメリットが増えた南蛮貿易

天下統一後の平和な世には、武器は要らない。南蛮貿易のデメリットを問題視した秀吉は禁教令を発令した。

秀吉によるキリスト教対策

棄教

秀吉の禁教令では強制的な改宗はなかったとされるが、キリシタンであり秀吉の軍師だった黒田孝高（官兵衛）は、政治的な圧力により棄教を行ったとされる。

宣教師を国外追放

秀吉は根本の原因である宣教師たちを国外追放しようとした。宣教師たちの布教権をとり上げ、自国へ帰るよう促したのだ。

処刑された日本二十六聖人

キリスト教への危機感から慶長（けいちょう）元年（1596年）に長崎でキリスト教徒たちが処刑された。秀吉のような権力者による処刑はこれが最初といわれている。こうしたキリシタンの弾圧は、家康が天下人となっても変わらず、寛永（かんえい）14年（1637年）に起きた島原（しまばら）・天草（あまくさ）の乱などへつながっていく。

貿易と流通の作法 その9

オランダのみと貿易したのはキリスト教の布教活動が絡んでいた

該当する人々 ▷	大名	公家	商人	農民	その他

該当する時代 ▷	室町時代	戦国初期	戦国中期	戦国後期	江戸時代

徳川家康が望んだのは布教を伴わない純粋な貿易

豊臣秀吉の死後、江戸に幕府を開いた徳川家康もキリスト教を禁教とした。加えて、キリスト教布教を危険視しながらも継続させてきた南蛮貿易をも禁止する。一方で、家康はオランダとの貿易は許可したのだが、長く貿易を続けてきたポルトガルやスペインを排し、実績の浅いオランダを選んだのはなぜか。その答えは、ヨーロッパでの宗教対立にある。

当時のヨーロッパでは、旧来からの教会である「カトリック」と、ドイツの神学者ルターが中心となった宗教改革から生まれた「プロテスタント」が激しく対立していた。「プロテスタント」とは、「カトリック」の金権主義を批判し、純粋な信仰を目指す宗派である。

ポルトガルやスペインは「カトリック」の国であり、貿易と布教をワンセットにすることで信者の獲得に奔走。貿易で得た利益の一部を教会に支払っていた。一方のオランダは「プロテスタント」の国であり、ポルトガルやスペイン同様、世界に進出して貿易や侵攻を行っていたが、その目的はあくまでも利益の追求であり、布教を求めることはなかった。キリスト教の布教を危険視する家康にとって、布教と貿易を切り離して付き合えるオランダは、ビジネスパートナーとして迎えるのに好都合だったのだ。さらに家康は、貿易は幕府のみが行えるものとし、得られる利益を幕府に集中させる体制をとった。

もう1つ、家康がオランダを選んだのにには大きな理由があった。関ケ原の合戦の直前となる慶長(けいちょう)5年(1600年)4月、大分の臼杵(うすき)にオランダの船が漂着。対応に当たった家康は、乗員からヨーロッパの国情や宗教の事情などを詳しく聞いた上で、一部の乗員を家臣にし、他国との外交や貿易の顧問とすることで、その知識を取り入れようとしたのだ。

宗教対立

布教が裏目に出たイエズス会

南蛮貿易はキリスト教の布教の許可が条件だったが、しだいに貿易のみを優先するプロテスタントが優遇された。

南蛮人と紅毛人

宗教戦争で
対立

南蛮人

ポルトガル人やスペイン人たちのこと。キリスト教内のカトリックに属する人々で、布教を目的としながらもアフリカやアジアに対して侵略戦争を行った。

紅毛人（こうもう）

オランダ人やイギリス人のことを指すほか、髪の毛が赤みがかっている人々のことを呼ぶ。ルターの宗教改革をもとに布教活動に重きをおかないプロテスタントに属した。

人身売買や暴動事件に対して不信感が生まれ、徐々に貿易が避けられるように。

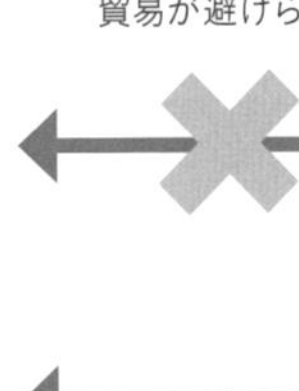

徳川家康

オランダは布教を求めず貿易だけを行ったので、家康からの信頼を得た。

貿易と流通の作法 その10

戦国時代における手堅いビジネスは運送業だった

該当する人々	大名	公家	**商人**	農民	その他

該当する時代	室町時代	戦国初期	戦国中期	**戦国後期**	江戸時代

陸路では荷運び屋が登場 水路では船の大型化が進む

鎌倉時代以降、貨幣経済の普及にともなって、物資の輸送はより重要なものになる。物流が経済の発展に欠かせないのは今も昔も変わらないというわけだ。物資の行き来に欠かせない道は全国規模での整備が目指された。

平安時代末期には牛馬を使った輸送を商売にする者が現れる。馬借（ばしゃく）あるいは馬子（まご）と呼ばれた者たちだ。馬に荷物用の鞍（くら）をつけて荷を運ぶというもので、のちにより多くの荷が運べる車借（しゃしゃく）という職業も登場する。こちらは、牛に荷台を引かせるというものだった。

少しずつ整備が進められた陸路だが、南北朝時代や応仁・文明の乱、その後に続く戦国時代と、内戦が絶えなかったこともあり、国内を結ぶネットワークの構築は、思うように進んでいなかった。戦国時代に入ると、諸大名は領地の境界に関所を設け、人や荷物の出入りを厳しく管理。物流の障害でしかなかった関所は織田信長によって撤廃され、同時に信長は道の整備にも取り組んだことでスムーズな物流が可能になる。ただし、陸路による輸送には物量の限界があった。

たとえば、馬1頭が運べる米は2俵。100石の米を運ぼうとしたら125頭以上が必要になる。しかも、人夫は1頭に1人がつくため、人員も馬と同数が必要になる。そんなわけで大量の物資を運ぶ際、陸路での運送に代わって最も活躍したのが船である。

鎌倉時代、船は木をくり抜いて造られていたが、板を舷側につけ加えてより多くの荷を積める準構造船が登場したことにより、一度に米100石から300石の輸送が可能になった。その後、造船技術がさらに発展。骨組みと板材によって建造された構造船は、一度に米500石を運んだという。さらに1000石積み、1500石積みと、船の巨大化は進み、水運は一大ビジネスへと発展していく。

戦国時代に起こった流通改革

戦国大名の統治によって街道の整備が盛んに行われると、駅伝制などの流通の制度が江戸時代にかけて確立した。

馬借

鎌倉時代から始まった馬を使って荷物を運ぶ運送業者。農閑期の農民たちがこの馬借を始めたのが由来とされており、運送の傍ら商品を売る行商をする者もいた。

問丸

港町などに存在していた海運業者。年貢の輸送やほかの港から運ばれてきた物資の中継地点とされた。戦国時代には港町の自治が進み、卸売業や海外との貿易を行う商人が現れた。

伝馬制

戦国大名たちによって交通が整備されてくると、領国内の街道に等間隔で宿駅が設置され、馬の交換や荷物の引継ぎが行われた。制度として確立したのは江戸時代で、慶長(けいちょう)6年(1609年)に徳川家康が東海道や中山道にこのような伝馬を多く設置したという。

貿易と流通の作法 その11

何だかんだいって物々交換がビジネスの中心

該当する人々 ▷	大名	公家	商人	農民	その他

該当する時代 ▷	室町時代	戦国初期	戦国中期	戦国後期	江戸時代

当時、流通していた宋銭にはさまざまな偽銭があった

日本で最初に流通した貨幣は現在の中国で鋳造されたものだった。宋の時代に輸入された宋銭は平安時代に幅広く使われた。ただし、輸入されたのは正規の宋銭だけではなく、偽銭として造られた偽造銭も紛れていた。さらに日本国内でも貨幣をまねて私的に銭を鋳造（私鋳銭）する者が現れた。にもかかわらず、正規の宋銭も偽銭も原則的に1枚1文として扱われたのだ。

とはいえ、偽銭は一般的に粗悪で、文字が潰れていたり、穴がなかったり、欠けていたりしたため、そうした鐚銭（びたせん）は取引の際に受取りを拒否されることもあった。鐚銭に関わるトラブルが絶えなかったことから、時の権力者が発令したのが撰銭令である。

最も有名な撰銭令は、織田信長が永禄（えいろく）12年（1569年）に発布したものだろう。この法令の中で信長は、流通する鐚銭の価値をいくつかに分類した。焼けた銭は2枚で1文、大きく欠けたものや割れたものは5枚で1文といった具合だ。さらに、鐚銭の買取りを禁止したり、銭を受取る側は必要以上に銭の選別をしてはいけないといった条項を盛り込むことで、健全な通貨取引を実現させようとしたのだ。

ところが、この法令は信長が意図した効果を生まなかった。それまで人々は自分たちで鐚銭の価値を決め、それに則って取引をしていた。もちろんトラブルもあり、法律ができたことで、安全な取引ができるようになったともいえるが、その一方で不満も多く、何より違反によって罰則が与えられることへの恐怖が大きかった。結果、京の都などでは銭を使うことをやめ、物々交換を行うようになったのである。銭はあくまでも交換手段である。当時の人々は各自が欲しいものを直接交換するほうがはるかにわかりやすいと考えたのかもしれない。

撰銭令

形が悪くてもよし！　融通利かせすぎの撰銭令

大名や商人たちは、はじめ鐚銭の使用を避けたが、貨幣不足が起きると領国ごとにルールを定めて方策を打った。

撰銭

欠け銭や私鋳銭は大名や商人から避けられ、精銭のみを使用することを求めると、貨幣不足が加速していった。

貨幣不足

日明の国交断絶や、大名・商人たちの鐚銭の忌避により、貨幣不足が発生。大名たちは撰銭令により鐚銭などでレートを定める。

物々交換

貨幣不足の加速に伴い、京の都などでは物々交換により取引がなされるようになる。こうして鎌倉時代後期からはじまった貨幣経済は一度終わりを迎えたのである。

織田信長による貨幣レート

精銭は1枚で1文とし、基準となる銭とされた。

宣徳銭のようなまだ浸透していない貨幣は2枚で1文。

欠け銭や文字が見えない鐚銭は5枚で1文。

堺で作成された「うちひらめ」などの私鋳銭は10枚で1文。

貿易と流通の作法 その12

大坂は経済上、日本一の重要拠点だった

該当する人々 ▷	大名	公家	商人	農民	その他

該当する時代 ▷	室町時代	戦国初期	戦国中期	戦国後期	江戸時代

豊臣政権、徳川政権下で大坂は商業都市として発展

戦国時代後期、天下人となった豊臣秀吉が住まう大坂は、政治的にも、経済的にも日本の中心として大きく栄えた。天下人の拠点ともなれば発展するのは当然かもしれない。しかし、いくら天下人の町といっても、人口28万人にもなる大都市に成長できた裏には、流通の中心となり得る高いポテンシャルがあったからにほかならない。

瀬戸内海に面した大坂は、日本最大の商都であり、国際的な貿易港としても栄えた堺のすぐ近くに位置する。また、淀川を使えば水路で朝廷のある京ともつながっている。さらに、淀川とつながる大和川や数多くの支流など、流通の要としての条件を兼ね備えた。そんな大坂の有用性に最初に注目したのは織田信長だったといわれている。

大坂はもともと大坂本願寺の本拠地だった。大坂を手にしたい信長は、10年の歳月をかけて、大坂本願寺の開城に成功。居城建築に着手するものの、完成を待たずに本能寺の変にて明智光秀に討たれてしまう。

その後、天下をとった秀吉による大坂の開発は信長の構想をなぞるものだった。水路を使った物流ネットワークを構築するため、淀川や大和川を整備。土地を切り開いて東横堀川、天満堀川、西横堀川、阿波堀川などを開削した。城下町については区画整備ののち、税金を安くして京や堺の商人を呼び寄せた。恵まれた立地と水路の整備によって、大坂は巨大商業都市へと成長していったのである。

秀吉の死後、徳川家康に天下が移ってからも大坂の成長は続く。政治の中心地は江戸に移ったものの、幕府は大坂を直轄領として城下の再建を進めた。それにより商人の割合が人口の9割以上という一大商業都市が完成。全国に広がる物流ネットワークの拠点としての役割を果たすようになった。

商都・大坂

信長が欲しがった大坂

京と堺へも行きやすく、瀬戸内海に面しており南蛮貿易の港も設置しやすい大坂に、信長は目をつけて狙っていた。

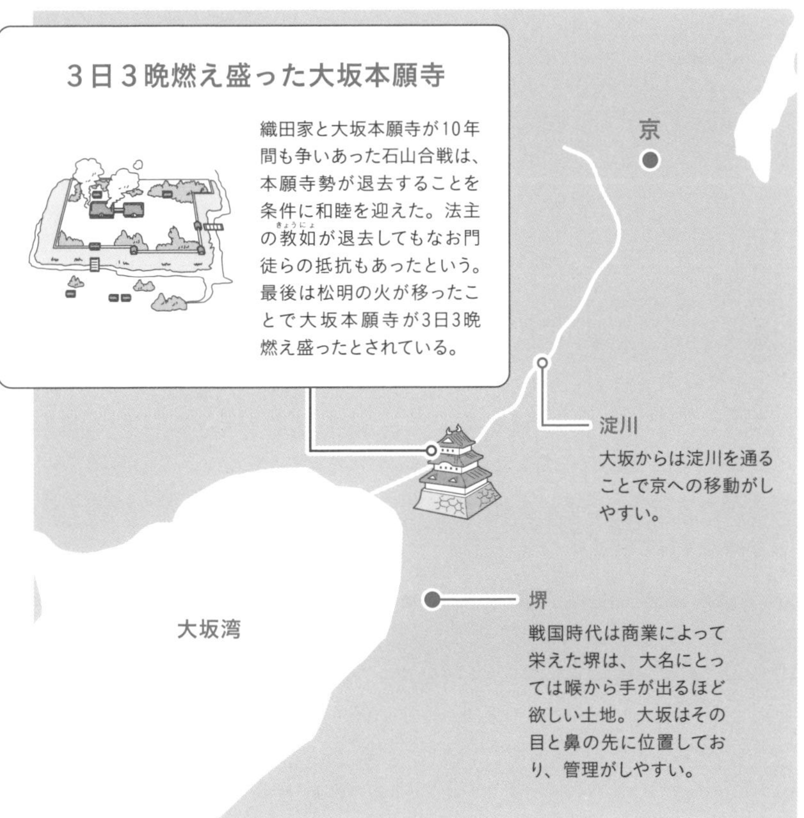

column

江戸時代でも“天下の台所”となった大坂

大坂を代表する言葉としては「天下の台所」が有名だ。戦国時代には寺内町、安土桃山時代には秀吉の本拠地として栄えた商都は、江戸時代になってもその繁栄ぶりを誇り、全国の大名が年貢米を貯蔵するための蔵屋敷を置いたことでも知られる。

貿易と流通の作法 その13

現代に近い道路規格は戦国時代に基礎ができた

該当する人々	大名	公家	商人	農民	その他

該当する時代	室町時代	戦国初期	戦国中期	戦国後期	江戸時代

信長による道路整備事業とそれを引き継いだ家康

道の整備は物流の拡大、ひいては経済の発展に欠かすことのできない事業である。そのことを十分に理解し、実践した戦国大名がいた。織田信長である。天下統一を推し進める信長は、まず全国の関所を廃止するとともに、大掛かりな道路整備に着手した。

信長以前、旅は非常に危険なものだった。野盗も多く、諸国を巡る商人たちは自衛のために護衛要員を雇っていたほどだ。荷駄を引く人夫なども必要だったので、100人ほどの隊商を組んで荷物を運ぶのが一般的だった。そうした物流に関わる経費は商品の価格に上乗せされるため、他国の品を手にするのは高い対価が必要だった。

天正(てんしょう)2年(1574年)、信長による全国の道路整備が始まる。その内容は、入江や川に橋をかける、石を取り除いて悪路をならす、街路樹として道の左右に松と柳を植えるといったもの。周辺位置には道路の清掃と街路樹の手入れが命じられた。また、信長は道幅を本街道、脇街道、在所道の3つにランク分けしてそれぞれの道幅も決めた。本街道の脇には約1メートルの土手を築き、道と土手の間には排水溝も掘られた。道路整備事業は広範囲にわたり、山城や大和などでは田畑を取り壊してまで道路建設が行われたという。宣教師ルイス=フロイスの著書『日本史』には、「以前は1人旅をする者にとって昼間でも道路は安全でなかったが、信長の時代には夏の夜間でも安全だった」と記されている。

信長の死後、道路整備事業は豊臣秀吉へ、そして徳川家康へと引き継がれる。江戸時代、天秤棒や背負子(しょいこ)を担いだ商人が諸国を行き来するという光景が当たり前になったのは、信長が関所を廃止し、治安を回復させたことと、その後の天下人に対して、道路整備のノウハウを残した賜物といえるだろう。

道路整備

細かくルールづけられた街道整備

織田家の領内では街道の整備に対し、道路の幅や街路樹を植えるなど細かなルールが作られていた。

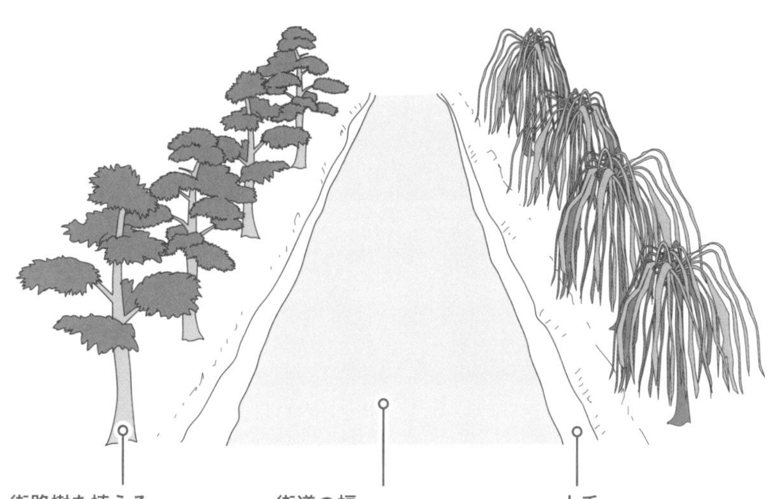

街路樹を植える

街道の両脇には松や柳の木といった街路樹を植えることが義務づけられた。松は戦国時代の城にも植えられ、食料としても機能したことが知られている。

街道の幅

街道は三間二尺(約6.5メートル)の本街道、二間二尺(約4.5メートル)の脇街道、一間(約2メートル)の在所道の3つの道幅に分類された。

土手

街道の脇には土手が築かれ、その外側には水を引くための水路(排水溝)が作られた。

周辺住民が掃除

街道は周辺に住む農民などが掃除するよう決められていた。これは、整備された街道を保つことによって治安の向上を図るためだ。

街路樹の整備

周辺住民たちには街道の整備だけでなく街路樹の整備も命じられていた。

column ④

慶長遣欧使節は政宗最後の意地

家康に黙って家来を海外に派遣

江戸幕府といえば厳格な鎖国体制を敷いたことで知られるが、開府当初はまだキリスト教勢力との交流は禁止していなかったため、諸藩の大名は南蛮貿易を行うため欧州へ使節を派遣しようとした。

東北の雄、伊達政宗も例外ではなく、支倉常長をはじめとする慶長遣欧使節に親書を持たせてスペインへと派遣。家康には知らせずキリスト教宣教師の派遣や、フィリピン・メキシコとの交易を行おうとした。南蛮貿易は膨大な利益を得ることができるため、財を成して一矢報いようという魂胆だったのだろうか。ともあれ常長がスペインへと向かった3年後、幕府は禁教令を発令。常長は日本へ無事に戻ってきたが、軟禁生活を強いられ、失意のうちにその生涯を閉じることとなった。

戦乱の時代を生きた名脇役

戦国商人列伝

目覚ましい経済発展を遂げた戦国時代。豪商と呼ばれる者たちは、そんな激動の時代に巨万の富を築いて歴史にその名を刻んだ。その中でも、戦国大名と手を結び、政策の遂行に大きく貢献した10名の豪商をピックアップ。人物像とエピソードを詳しく探っていく。

お金が入り用ですか……
わたしにお任せください

今井宗久

大坂・堺の商人、茶人。貸し倉庫業や金融業、薬問屋、鉄砲などの幅広い事業で巨万の富を築き、政商として活躍した。千利休と津田宗及とともに信長・秀吉の茶湯三宗匠の1人。信長に最も信頼されていた茶人だったといわれている。

鹿革製品で財を成した

当時、鎧に使用する軍需品としての需要があった鹿革で莫大な富を得た。日本で最初の武器商人ともいわれ、各地の戦国大名とつながりを深めていった。

津田宗及（つだそうぎゅう）

大坂・堺の商人、茶人。織田信長、豊臣秀吉に仕え、秀吉の北野大茶会に指導役として参加した。戦国時代随一の道具の目利きともいわれ、茶頭として活躍。千利休と今井宗久とともに茶湯三宗匠の1人。

禅の心得があった

宗及は信長に仕える前、大徳寺で禅を学び、茶の湯と禅の本質は同一であるとする「茶禅一味（ちゃぜんいちみ）」という心得を習得した。

千利休（せんのりきゅう）

大坂・堺の生まれで、茶湯三宗匠の1人。織田信長・豊臣秀吉の茶頭として活躍。茶道文化の発掘に努めたことで知られるが、塩魚を扱う商人だったとされる。のちに秀吉の怒りに触れ、切腹を命じられ自刃した。

秀吉とツーカーの仲に

秀吉の側近として欠かせない存在だった利休。「内々の儀は宗易（千利休）に尋ねよ」といわれるまでに秀吉からの信頼が厚かった。

秀吉殿、これがかの有名な
ルソン壺でございます

納屋助左衛門（なやすけざえもん）

大坂・堺の豪商。フィリピンのルソン島やカンボジアに渡り貿易を営んだ。別名・呂宋（るそん）助左衛門とも呼ばれる。豊臣秀吉に、ルソン壺などを献上し一躍有名になるが、あまりにも豪勢な生活をしていたため、秀吉の怒りを買い罰せられた。

ルソン壺は実は便器だった!?

財産が没収になった別の理由として、献上したルソン壺が実は現地の便器だったからという説がある。だとしたら、秀吉が激怒するのも仕方ないだろう。

小西隆佐

大坂・堺生まれの豪商。熱心なキリシタンで、洗礼名をジョウチンという。豊臣秀吉から商才を買われ、天正 15 年（1587 年）の九州攻めの際は兵糧の調達役として任命されるなど、豊臣政権の財務を担当した。

キリスト教を布教した

隆佐は自宅を教会にして信者の師父として活躍した。キリスト教政策が厳しくなっても、秀吉からの信頼は揺るがなかったという。

山上宗二

大坂・堺の豪商、茶人。千利休から茶を学び、商人から茶匠に転身した。豊臣秀吉に仕えるが、曲がったことが嫌いな性格から何度も秀吉を激昂させ、各地へ流浪。最後も秀吉の怒りに触れ、処刑となった。

千利休の一番弟子だった

千利休の弟子として 20 年間茶の湯を学んだ。利休にとっても高弟としてなくてはならない存在だったといわれている。

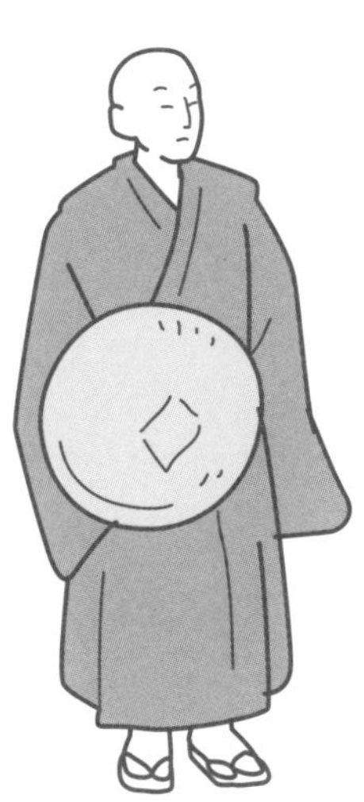

角倉了以（すみのくらりょうい）

戦国〜江戸時代初期にかけて活躍した京都の豪商。朱印船貿易でベトナムと交易し、莫大な利益を築いた。また、京都の河川事業を手がけ、大堰川、富士川、高瀬川などの治水工事に尽力した。

角倉家はもともと医者の家系

了以の生まれた角倉家は、室町幕府から続く医家。医業で成功し土倉（金融業）を始めた。了以は医者を継がず弟に託し、実業家になった。

茶屋四郎次郎（ちゃやしろうじろう）

京都の豪商・茶屋家の当主。若い頃は徳川家康の近習として活躍。のちに徳川家の御用呉服商になり､京都の旅宿なども務めた。一方で、ベトナム貿易や朱印船貿易など、さまざまな貿易に従事し、巨万の富をたくわえた。

家康の伊賀（いが）越えを援助

本能寺の変の際、堺にいた徳川家康にいち早く知らせ、家康の三河への逃亡を支援した（「神君伊賀越え」)。その恩により徳川家の御用呉服商となった。

神屋宗湛（かみやそうたん）

博多の豪商・神屋家の6代当主。豊臣秀吉の保護を受け、朝鮮や中国などとの南洋貿易を行った。資金面で秀吉を援助し、側近として活躍。茶人としても有名で、茶会の記録を記した「宗湛日記」がある。

本能寺の変に巻き込まれる

本能寺の変の当日、宗湛は秘蔵の茶道具を信長に披露するため、本能寺に宿泊していた。事件直後、信長の家来に助けられ、無事脱出した。

島井宗室（しまいそうしつ）

博多の豪商。家業である酒屋や朝鮮貿易で財を成し、その一方で九州諸大名に金銀の貸し付けを行い巨万の富を得た。豊臣秀吉に仕え、神屋宗湛とともに戦乱により荒れ果てた博多の復興に尽力した。

「本能寺の変」の前日の茶会に出席

信長は博多の商人たちと友好関係を結ぶため、本能寺で茶会を開き、宗室を厚くもてなした。その翌日に本能寺の変が起こった。

戦国経済年表

年	主な出来事
1467年 （応仁元年）	細川勝元と山名宗全らによる「応仁・文明の乱」が勃発
1469年 （応仁3年）	遣明船が堺へ初めて入港する
1510年 （永正7年）	朝鮮での密輸取り締まりにより、現地の日本人が起こした暴動の「三浦（さんぽ）の乱」が発生
1511年 （永正8年）	ポルトガルがマラッカを占領。交易のための拠点とする
1523年 （大永3年）	細川氏・大内氏の遣明船の入明の際、明の寧波で軍事衝突が起こる（「寧波（ニンポー）の乱」）
1526年 （大永6年）	双嶼（そうしょ）（現在の中国・浙江省周辺）の港が、この頃より密貿易の拠点となる 博多商人の神谷寿禎により、石見銀山が発見される
1533年 （天文2年）	銀の精錬法の１つ、灰吹法（はいふきほう）が導入される
1541年 （天文10年）	武田晴信（信玄）が父の信虎を追放して甲斐の領主となる
1543年 （天文12年）	ポルトガル人により、種子島に鉄砲が伝来する
1547年 （天文16年）	日明の国交が断絶する ポルトガル領マラッカにて、フランシスコ＝ザビエルが薩摩出身のヤジロウと出会い、日本へ向かう
1548年 （天文17年）	倭寇頭目の王直が明軍により双嶼を追われて平戸を本拠地にする
1549年 （天文18年）	ザビエルが日本へ上陸し、キリスト教の布教を行う
1556年 （弘治2年）	堺が宣教師のガスパル＝ヴィレラによりベニスに例えられる

1560年 （永禄3年）	「桶狭間の戦い」にて、織田軍が今川軍に勝利する
1567年 （永禄10年）	明が民間人の海外渡航を禁止する海禁政策を解除する
1568年 （永禄11年）	織田信長により諸国の関所が廃止される 織田信長が第15代将軍・足利義昭を擁立し、京へ上洛する 織田信長が堺に対して矢銭2万貫を要求する 武田信玄による「遠江・駿河侵攻」が始まる 武田氏に対して、今川氏が塩留するように指示
1569年 （永禄12年）	キリスト教宣教師のルイス＝フロイスが織田信長と謁見し、 キリスト教の布教を認められる
1570年 （元亀元年）	「石山合戦」が勃発し、織田軍と大坂本願寺が争う ポルトガル船が長崎へ入港。初めての交易を行う
1571年 （元亀2年）	スペインがマニラ市（現フィリピン）を建設 織田軍によって「比叡山焼き討ち」が行われる
1572年 （元亀3年）	武田軍による「西上作戦」が開始 「三方ヶ原の戦い」で武田軍が織田・徳川連合軍に勝利する
1573年 （天正元年）	武田信玄が西上作戦の途中で病死 織田信長により、足利義昭が京より追放される
1575年 （天正3年）	「長篠・設楽原の戦い」で織田・徳川連合軍が武田軍を破る
1576年 （天正4年）	織田信長が家臣の丹羽長秀に命じて、安土城の建設を開始する 「第一次木津川口の戦い」にて、織田家の九鬼（くき）水軍が、毛利水軍に敗れる
1577年 （天正5年）	織田信長が安土城下で「楽市令」を発令
1578年 （天正6年）	「第二次木津川口の戦い」にて、織田家の九鬼水軍が鉄甲船を用いて、毛利水軍を破る （諸説あり）
1580年 （天正8年）	大坂本願寺の顕如が織田家に降伏し、大坂本願寺を明け渡す イギリスの商船が長崎の平戸に来航
1581年 （天正9年）	織田信長が京で「馬揃え」を敢行する 宣教師のアレッサンドロ＝ヴァリニャーニが織田信長に謁見する

1582年（天正10年）	天正遣欧使節がローマへ出発する 「天目山麓田野の戦い」で織田軍が武田軍を破り、武田家が滅亡する 織田信長が本能寺で明智光秀の謀反により自害 羽柴秀吉が摂津国と山城国の境にある山崎で、明智光秀を破る 明智光秀が落ち武者狩りに遭い、殺害される 信長亡き後の織田家の後継者を決める清洲会議が行われる 羽柴秀吉による「太閤検地」が始まる 武田家滅亡後、領主のいない甲斐をめぐって徳川家と北条家が争う「天正壬午の乱」が勃発
1583年（天正11年）	羽柴秀吉が「賤ヶ岳の戦い」で柴田勝家を敗死させる 羽柴秀吉が大坂城の築城を開始する
1584年（天正12年）	羽柴秀吉が比叡山延暦寺の再興を許可する
1585年（天正13年）	豊臣秀吉が関白に就任。藤原（豊臣）姓を名乗る 豊臣秀吉が「惣無事」を指示し、大名間での私闘を禁止する
1586年（天正14年）	豊臣秀吉が太政大臣となる
1587年（天正15年）	豊臣秀吉により「バテレン追放令」が発令 豊臣秀吉が中心となり「北野大茶会」が開催される
1588年（天正16年）	豊臣秀吉により「刀狩令」が発令 豊臣秀吉により「海賊停止令」が発令。すべての水軍に武装解除を求めた 天正大判が初めて鋳造される
1589年（天正17年）	豊臣秀吉がキリスト教を禁止する
1590年（天正18年）	北条氏政・氏直が豊臣秀吉に降伏する 豊臣秀吉により、天下が統一される 豊臣秀吉により徳川家康が関東へ移封される
1591年（天正19年）	豊臣秀吉により太閤検地が行われ、全国の戸口調査が行われる 豊臣秀吉が千利休に切腹を命じる
1592年（文禄元年）	日本軍による一度目の朝鮮出兵（「文禄の役」）
1593年（文禄2年）	豊臣秀吉が明使に「講和の七条件」を提示 朝鮮より活字印刷技術が伝来する 堺の豪商・納屋助左衛門がルソンへ渡航

1596年（慶長元年）	豊臣秀吉が明使と伏見で会見するも、和議は不成立に終わる 豊臣秀吉が長崎にてキリスト教徒26人を磔刑に処す
1597年（慶長2年）	日本軍による２度目の朝鮮出兵（「慶長の役」）
1598年（慶長3年）	豊臣秀吉が死去し、朝鮮から日本軍が撤退
1600年（慶長5年）	石田三成が挙兵し、「関ケ原の戦い」が発生。徳川家康率いる東軍の勝利に終わる 真田昌幸・信繁（幸村）が高野山での蟄居を命じられる （関ヶ原の戦い後で年数は不明）
1603年（慶長8年）	徳川家康が征夷大将軍に任じられ、江戸幕府を開府する 「天下普請」により、諸国の大名を使って江戸城を拡張させる
1604年（慶長9年）	徳川家康が黒印状により、松前藩にアイヌとの交易独占権を認める
1609年（慶長14年）	島津氏による「琉球侵攻」。琉球王国が島津氏の支配を受ける オランダ東インド会社が平戸に商館を設置
1613年（慶長18年）	伊達政宗により慶長遣欧使節（けいちょうけんおうしせつ）が派遣される
1614年（慶長19年）	江戸幕府により「キリシタン国外追放令」が発令。高山右近がマニラへ追放される 「大坂冬の陣」が勃発。真田信繁（幸村）の活躍もあり、徳川軍が大打撃を受ける
1615年（元和元年）	「大坂夏の陣」が勃発。豊臣軍が敗北し、大坂城が落城する
1637年（寛永14年）	キリシタンが起こした日本最大の反乱「島原の乱」が起きる

参考文献

◆ **書籍**

『「桶狭間」は経済戦争だった 戦国史の謎は「経済」で解ける』武田知弘 著（青春出版）

『家康の経営戦略 国づくりも天下泰平もカネ次第』大村大次郎 著（秀和システム）

『お金の流れで見る戦国時代 歴戦の武将も、そろばんには勝てない』
大村大次郎 著（KADOKAWA）

『織田信長のマネー革命 経済戦争としての戦国時代』武田知弘 著（ソフトバンク新書）

『海外貿易から読む戦国時代』武光 誠 著（PHP新書）

『経済で読み解く織田信長「貨幣量」の変化から宗教と戦争の関係を考察する』
上念 司 著（KKベストセラーズ）

『経済で読み解く豊臣秀吉 東アジアの貿易メカニズムを「貨幣制度」から検証する』
上念 司 著（KKベストセラーズ）

『経済で読み解く日本史① 室町・戦国時代』上念 司 著（飛鳥新社）

『経済で読み解く日本史② 安土桃山時代』上念 司 著（飛鳥新社）

『図解 戦国武将』池上良太 著（新紀元社）

『ゼロからやりなおし！ 戦国史見るだけノート』小和田哲男 監修（宝島社）

『戦国大名の経済学』川戸貴史 著（講談社現代新書）

『戦国の合戦と武将の絵事典』小和田哲男 監修/高橋伸幸 著（成美堂出版）

『戦国武将の収支決算書 信長は本当に革命児だったのか』跡部 蛮 著（ビジネス社）

『日本史「戦国」総覧』吉成 勇 編（新人物往来社）

『信長の経済戦略 国盗りも天下統一もカネ次第』大村大次郎 著（秀和システム）

『早わかり戦国史』外川 淳 編著（日本実業出版社）

『ビジュアル 日本のお金の歴史【飛鳥時代～戦国時代】』井上正夫 著（ゆまに書房）

『百姓から見た戦国大名』黒田基樹 著（ちくま新書）

『牢人たちの戦国時代』渡邊大門 著（平凡社新書）

※そのほか、数多くの歴史資料を参考にさせて頂きました。

監修　小和田哲男（おわだ・てつお）

1944年、静岡市に生まれる。1972年、早稲田大学大学院文学研究科博士課程修了。2009年3月、静岡大学を定年退職。静岡大学名誉教授。主な著書に『日本人は歴史から何を学ぶべきか』（三笠書房、1999年）、『悪人がつくった日本の歴史』（中経の文庫、2009年）、『武将に学ぶ第二の人生』（メディアファクトリー新書、2013年）、『名軍師ありて、名将あり』（NHK出版、2013年）、『黒田官兵衛 智謀の戦国軍師』（平凡社新書、2013年）、『明智光秀・秀満』（ミネルヴァ書房、2019年）、『戦国武将の叡智 人事・教養・リーダーシップ』（中公新書、2020年）などがある。

STAFF

企画・編集	細谷健次朗、千田新之輔
編集協力	柏もも子
営業	峯尾良久
執筆協力	龍田 昇、野田慎一、野村郁朋、上野卓彦
イラスト	熊アート
表紙・本文デザイン	深澤祐樹（Q.design）
DTP	G.B. Design House
校正	株式会社ヴェリタ

戦国　経済の作法

初版発行　2020年10月15日

監修　小和田哲男

発行人　坂尾昌昭
編集人　山田容子
発行所　株式会社G.B.
〒102-0072　東京都千代田区飯田橋4-1-5
電話　03-3221-8013（営業・編集）
FAX　03-3221-8814（ご注文）
https://www.gbnet.co.jp

印刷所　音羽印刷株式会社

ISBN 978-4-906993-93-2